西村則昭

禅に学ぶ精神分析

無意識と絶対無

法藏館

目次

禅に学ぶ精神分析

無意識と絶対無

凡　例

一、外国語文献の日本語訳は、既訳のあるときはそれを参照させていただき、基本的に拙訳とした。

一、仏教古典からの引用文の現代語訳は、訳注のあるものはそれを参照させていただき、拙訳とし（『臨済録』だけは入矢義高氏の現代語訳をそのまま使わせていただいた）、またその拙訳では、筆者の理解にしたがって、説明的な意訳を試みたところも少なくない。

一、ふり仮名は現代仮名遣いで統一した。

序

1. エーリッヒ・フロムと鈴木大拙

精神分析と禅との古典的出会いというべきものは、鈴木大拙《だいせつ》（一八七〇―一九六六）とエーリッヒ・フロム（一九〇〇―一九八〇）のそれである。『禅と精神分析』（一九六〇年）においてフロムは、大拙の英文著作『禅仏教』（一九五六年）のなかの次の文章を引用し、ヒューマニズム的な精神分析の立場からの共鳴を表明している。

「禅は本質的に人の存在の本性に見て入る技術であり、束縛から自由への道を指し示す。（中略）われわれ一人一人の内に本来自然に蓄えられているが、通常の状態では押しこめられ歪められ、活動にふさわしい通路が見出せない、そんなすべてのエネルギーを、禅は解放する。そのように言うことができる。（中略）したがって、禅の目的は、心を病んだり心の障害をもったりすることから、われわれを救うことである。これこそが私のいうところの自由であり、それは、われわれの心情に生まれながらに備わっている創造的で慈愛に充ちた衝動を自在に作動させる、そういう自由である。われわれは自らを幸福にし、他者を愛する上で必要な能力をもっているが、一般的にわれわれわれは、この事実に盲目である」[1]。

フロムは、ファシズム台頭の背景にある人々の集団心理、すなわち、自らの自由を放棄して権威にしたがおうとする心理を分析した『自由からの逃走』（一九四一年）で有名である。フロムにとって、自由の放棄は人間性の放棄に等しかった。『禅と精神分析』では、人々が自己自身から疎外される当時の状況、すなわち、自己の「本性」との不一致に苦しむ当時の状況を見据え、大拙の語る禅思想に深い共感を示しつつ、精神分析の果たすべき役割を改めて確認している。つまりその役割とは、人々を自己疎外から解放し、人々に「幸福《ウェルビーイング》」を実現させるという役割である。自己疎外は、幼児的・自己愛的な歪曲された現実認識と、世界との生きた接触の妨げとなる「頭でっかちの思考（cerebration）」によってもたらされる[2]。「幸福」の状態に到るには、これらを克服しなければならない。「幸福」とは、現実世界の中で「無意識のまったき回復」[3]がなされた状態にほかならない。その状態において、他の人々との一体感が得られると、フロムはいう[4]。

このような立場でフロムは禅への共感を表明する。とはいっても、やはり禅と精神分析との間には言葉の障害が無視できない。フロムは「もし専門用語の障壁から解放されるならば、われわれは、無意識を意識化することの真の意味と悟りの理念とのつながりを、よりたやすく認識できる、と私は信じている」[5]というが、この発言は注目に値する。ここで彼は、言葉の障害が克服され、真に禅との照らし合わせが可能となるならば、精神分析における無意識の意識化ということがそもそもどういうことなのか、いっそう根源的に捉えうる地平（展望）が得られるのではないかと、期待している。しかしこの期待は期待のままに留まる。西洋近代的な理性および人間社会に対する素朴な信頼をもって生きているフロムには、禅の本質は遠方に漠然と感じられつつも、そこに到る道は見出しえなかったのではないかと思われる。フロムもまた、当時の精神分析家の多くがそうであったように、幼児的なリビード体制を克服し、性器体制（性器を用いた男女の性行為が可能となった体制）に達することを、「健全な成熟」と見なす人間観を素朴に前提していたが、[6]この点にも彼が当時の「常識人」に留まっていたことが窺われる。

フロムの禅との出会いから半世紀以上経った現代、価値観が多様化し、人権意識が高まり、個人の生き方が尊重される一方で、あたかもその反動であるかのように、なにごとも数値化して一律に評価する考え方に流される傾向になっているように思われる。人間疎外は、ある意味より巧妙に進行しているのではないか。「現実適応」とはそのような社会の体制に順応し、そこに「心地よさ」を見出すことである。「現実適応」によって、人々は自己疎外へと否応なく駆り立てられてしまう。現代のわれわれは、マルティン・ハイデッガー（一八八九―一九七六）のいう「集―立（Ge-stell）」[7]と化した世界を生きることを余儀なくされている。「集―立」とは、「計算的な思考」（単に数量化されたデータを見て思考するとか、「科学的根拠」に基づいて思考するというだけでなく、損得を考え、うまく立ちまわり、計算高く考えること）によって、一切のものが用立てられるべく据え置かれ、用立てる本人自身もまた用立てられるものとして据え置かれる、そんな世界構造のこと。こうした状況のなかで「本当の自分とは何か」は、考えても仕方のない、無意味な問いとして棄却されがちであるだけに、それが切実に論理的に問われるとき、一層先鋭化した問いとなるだろう。

2．絶対無

禅は坐禅を通して「無」の境地を目指すというのが、一般の人のイメージであろう。よく知られた公案《こうあん》集に、中国宋代の無門慧開《むもんえかい》（一一八三―一二六〇）によって編まれた『無門関《むもんかん》』がある。これはまさに「無」という関門を通過して、禅の大道に出るための種々の課題（公案）を集めた書物である。その劈頭《へきとう》に置かれた「趙州無字《じょうしゅうむじ》」の公案（問答）はこうである。趙州は中国唐代の有名な禅僧、趙州従諗《じょうしゅうじゅうしん》（七七八―八九七）のこと。

趙州和尚、因《ちな》みに僧問う、「狗子《くす》、還《は》た仏性《ぶっしょう》有りや」。州云く、「無」[8]。

（趙州禅師にある僧が問うた、「犬にも仏性がありますか」。趙州は答えた、「無」）。

「仏性」とは悟りを開いて仏になる可能性、素質のことである。禅は大乗仏教（北伝仏教）に属するが、大乗仏教は生きとし生けるすべてのものに仏性があると説く（「一切衆生悉有《いっさいしゅじょうしつう》仏性《ぶっしょう》」）。この僧はこのような教説に基づいて、「犬にも仏性がありますか」と問うている。趙州の答えは一言、「無」。この「無」は単に「犬には仏性はない」の意味ではない。そもそも禅の「無」は、有無の無、通常の言語活動において何かが「有る」とか「無い」とか言われる場合の「無い」ではない。通常の言語活動における「有る」とか「無い」を共に否定する動性として、それは絶対無である（「絶対無」とは、禅の影響を受けた西田幾多郎［一八七〇―一九四五］以来の京都学派の哲学の根本語である。筆者は彼らの影響を強く受けている）。この「無」は、究極の問い――禅問答ではいつも究極の問いが取り上げられる――に対する究極の答えである。しかも趙州は、絶対無の動性に相応して一言「無」と言う行為において、自己自身が「無」になって、この一期一会の問答の場に「無」を顕現させている。禅（特に臨済系）の修行僧には、この「無」――「趙州無字」といわれる――に参じ、自己自身がこれになりきる体験が求められる。

『無門関』の無門の注釈によれば、「趙州無字」（絶対無）になりきるとは、「熱鉄丸《ねってつがん》」を呑み込んだようなものである。それは吐き出そうとしても吐き出そうとしても吐き出すことができない。このことを真に悟ったとき、禅の大道《だいどう》に出る関門をはじめて通過することになる。この大道は歴代の禅匠が歩いた同じ道である。この道に出て、この道を歩く者は、歴代の禅匠が見たのと同じ光景を目にすることになる。彼は「生死岸頭《しょうじがんとう》に於《お》いて大自在《だいじざい》を得《う》る（自己が生まれてきて死んでいくこの世界のまっただなかで、自己が自由な存在であることを真に実感する）」。これが禅の求める「自己本来の面目《めんもく》」すなわち「本当の自分」、本来的自己である。

3．本書の意図と立場

本来的自己とは、本来的自己の存在感覚をもった自己のことであると、筆者は考える。本来的自己の存在感覚とは、自己が「真理」に触れている感覚でもあり、自己の心は本来、なにものにも縛られず、自由であるという感覚でもある。「自分探し」とは、本来的自己の存在感覚の探求として、はじめて意味をもつ。本書は、精神分析と禅とが真に出会う場を究明し、本来的自己の存在感覚とはどのようなものかを考えようとするものである。そうして精神分析を、本来的自己の存在感覚を醸成する営みとして捉え直そうとするものである。その際、本書は精神分析から禅へとアプローチする。これは、西洋化した世の中で合理的に思考して生きるわれわれにとって、精神分析から禅へというアプローチの方が、その反対よりも、少なくとも知的な作業としては、馴染みやすいという理由からである。そしてその際、ジャック・ラカン（一九〇一―一九八一）を導きとしたい。それは、ラカンこそが精神分析とは何かを哲学的に、もっとも精密に深く考えた人物だと思われるからである。ラカンはその臨床実践において、真に思索するに値すると思えるものと出遭い、これによって哲学的思索の情熱を掻き立てられ、これを生涯見据えていたように思われる。

アラン・ジュランヴィルは『ラカンと哲学』（一九八四年）のなかで、「今日、哲学は精神分析なしでは、問題を提起してくれるものをもたない哲学、現実味を欠いた空虚な言説になってしまうだろうし、精神分析は哲学なしでは、いわゆる「運動」［引用者注：精神分析を世界に広めていこうとする、政治色を帯びた運動］のもつ欺瞞性のなかに自己を失ってしまうだろう」と述べている[9]。ジュランヴィルは、哲学の言説と精神分析のそれが、共に再び豊かな生命力を取り戻すことが期待される両者の「間」に、ラカンを見出している。

ラカンが活躍した当時、「強い自我」を鍛え上げること、そして「現実適応」を重視する精神分析の考え方（ハインツ・ハルトマン［一八九四―一九七〇］に代表される「自我心理学派」の考え方）が、主流となっていた。ラカンはこれに抗して、精神分析を本来的自己の探求の営みとして捉えたと、筆者は考えている（七〇年代の後期ラカンのキーワードである「特異性《サンギュラリテ》」は、自己存在の本来性を意味するものではないだろうか）。

ラカンの精神分析は、言語活動の主体としての人間存在を根本的に問題化するという点で、禅と軌を一にするものがあると思われる。また、ラカンは「欠如」とか「穴」をしばしば問題にするが、これは仏教の「無」と響き合うものがあるように思われる。精神分析と禅が真に出会う場で、本来的自己とは何か、本来的自己の存在感覚とはどのようなものかを考える上で、ラカンは最高の導き手になってくれるだろう。

本書ではラカンの考え方を用いて禅の解釈が試みられる。これはラカン理論の単なる当て嵌《は》めになってはならない。そもそも禅仏教は、ラカン理論に回収され尽くされえない、人間存在に関する、ある意味いっそう根源的な洞察を含んでいるように思う。むしろラカンの考え方を用いた解釈をおこなうなかで、禅仏教の側から精神分析が見返され、それが陥りやすい問題点があきらかになり、捉え直される地平（展望）がおのずと開かれてくる、そのようなものを本書は目指したい。そのために筆者に求められるのは、筆者自身が自由で独立した哲学精神をもち（哲学する情熱と喜びをもって）、ラカンと禅が問題にしていた事柄と思われるもの――常識的な思考では捉えがたい事柄――をしっかり見据え、自分自身の実感を大切にし、ラカンの思索を自ら思索し直しつつ、禅の言説を解釈し、そして禅者によって体験された仏教的真理に迫ること、このことであろう。その際、精神分析の考え方を用いて心理療法家として活動してきた筆者の経験を役立てたい。これが本書の立場である。

本書の構成は、まずⅠ部で、精神分析を本来的自己の存在感覚の醸成の試みとして捉える、筆者なりの精神分析理解を述べる。その理解は、すでに禅を念頭に置きつつ、禅との対照性において考えられたものである。Ⅱ部では、精神分析との接点において禅を解釈しつつ、本来的自己の存在感覚とはどのようなものかをさらにあきらかにしていく。本書のⅠ部とⅡ部は相互に支え合い、照らし合う関係になっている。Ⅲ部では、何人かの有名な禅僧を主題的に取り上げ、自己存在の本来性の体験としての禅体験の諸相について論じる。また本書では、本書の議論の現代的意義についても適宜述べていく。

（1）Erich Fromm, D.T.Suzuki,Richard De Martino. *Zen Buddhism and Psychoanalysis* (London,Souvenir Press, 1993), pp. 114-115. 小堀宗柏、佐藤幸治、豊村左知、阿部正雄訳『禅と精神分析』東京創元社、一九六〇年、二〇三―二〇四頁。
（2）op., p. 127. 前掲、二二五―二二六頁。
（3）op., p. 136. 前掲、二三九頁。
（4）op., p. 139. 前掲、二四三頁。
（5）op., p. 130. 前掲、二三〇頁。
（6）op., p. 123. 前掲、二一八頁。
（7）マルティン・ハイデッガー、関口浩訳『技術への問い』平凡社、二〇〇九年。
（8）西村恵信訳注『無門関』岩波文庫、一九九四年、二一頁。
（9）アラン・ジュランヴィル、高橋哲哉・内海健・関直彦・三上真司訳『ラカンと哲学』産業図書、一九九一年、四頁。

I 部

第一章　無意識と現実界

1. 無意識の活性化

心理面接において主体（クライエント）は話をする。主体はセラピストの傾聴する姿勢に支えられ、思いつくまま、普段ひとと話すときの自己コントロールを多少外《はず》す形で、話をする。ここで奇妙なことが起こってくる。主体は話そうと思っていなかったことを話してしまう。実はそれこそが「本当に聞いてほしいこと」であったりする。なんであんな話をしたのか、不思議に思う。自分のことを話すことが、不思議なことのように思われる。夢を見ているような気分になって話していて、ふと我に返り、「あれっ、今、何話していたのだろう」と思う。印象的な夢を見て、それをセラピストに報告したくなる。幼児期の記憶が蘇る。最初の頃、主体はセラピストの傾聴を嬉しく思い、セラピストに対して単純に好感をもっていたが、しだいにセラピストに対して愛憎入り混じる複雑な感情をいだくようになる（これが「転移」と呼ばれる現象である）。主体は彼が予期しないさまざまな事態に遭遇する。

　これらは「無意識」の活性化を示唆する事態である。ジークムント・フロイト（一八五六―一九三九）以来の精神分析では、人間の心のなかに「無意識」を想定し、それは主体の意識的な自己コントロールを離れて作動すると見る。無意識の活性化は人生のさまざまな局面において起こる。心理療法を受けたいと思う人は、多かれ少なかれ、活性化した無意識に動かされ、心理療法家のもとを訪れるだろう。精神分析的な心理療法では、意図的に無意識が活性化しやすい場を来談者に提供する。

　無意識とは何か。日常、人間主体はこの社会的現実において一定の自己像を見出し、それに同一化し、この社会的現実に適応して、この社会的現実の主体として自己意識を持って生きている。このような主体がその日常的同一化を解除し、自己意識を持たずにおこなう活動、これが無意識である。ラカンは「無意識の主体」という言い方をする（「無意識」を心の奥底の「場所」として見る見方もあるが、本書ではラカンに倣って「主体」と見たい）。面接中、ふと我に返り、「あれっ、今、何話していたのだろう」と思うのは、さっきまでいつの間にか無意識の主体が喋っていたということである。夢は無意識によって構成される。主体は、日常的同一化を維持し、意識の主体として活動することもあれば、夢を自ら作り自ら見るときのように、日常的同一化を解除し、無意識の主体として活動することもある。

主体は無意識的に「抑圧されたもの」を想起しようとする。「抑圧されたもの」には、幼児期心性と耐えがたい表象（トラウマ記憶や許容しがたい観念［たとえば、ふと出てきた「母は私のことを嫌いかもしれない」という考え］）がある。「抑圧」とは、人間の心に本来備わる自己防衛メカニズムのひとつであると共に、主体を社会化する機能のことである。ラカン派では「神経症」は主体の構造として捉えられ、抑圧によって定義される。(1) 抑圧を用いて社会的現実になんとか適応している主体が、神経症症状の有無に関係なく、神経症者である。無意識は、抑圧された耐えがたい表象の想起に向かいつつ、その意識化の代わりに神経症症状を生み出すことがある。抑圧は主体によって無意識的におこなわれるが、まさにその主体が今度は抑圧を解除し、抑圧されたものを主体自身に意識化させようとする（あるいはその意識化の代わりに症状を生み出そうとする）点に、ここで注意しておきたい。

無意識は「欲動」に駆動されて活動する。フロイトは「欲動は（抑圧された）表象に付着する」という言い方をしている。(2)「欲動」とは、われわれの生物的身体基盤に由来し、われわれの心をその根底において駆動する力のことである（欲動の蠢《うごめ》きは、われわれの心の奥底、身体に繋がる領域に感じられる）。フロイトは最初、「リビード」という語でもって欲動を一元論的に考えていたが、後に「生の欲動（エロス）」と「死の欲動（タナトス）」を考える欲動の二元論を打ち立てた。

思春期は欲動が活性化し、それに伴って無意識が活性化する時期である。思春期の主体は、幼い頃の気持ちを想起したり、夢幻的な気分を味わったり、よく印象的な夢を見るようになったりする。生の欲動に動かされ、明るい笑いが生じ、恋愛し将来に夢を描く一方で、死の欲動に動かされ、漠然と「死にたい」と思ったり、攻撃的な・破壊的な気分になったりすることもある。また思春期において欲動の活性化に伴って、過去に遭遇した性的な出来事が想起され、事後的により深刻な心の傷が作られてしまうこともある。思春期の主体は、活性化した無意識の影響を常に受ける状態にある。思春期の主体は、たしかに社会的な自己同一性を保持して日々生きているが、その一方で無意識と融合した状態になりやすい。

フロイトは一次的に欲動の貯蔵される場所を「エス」と呼び、これを馬に喩え、「自我《イッヒ》」を騎手に喩えた(3)。このフロイトの考える「自我」とは、この社会的現実のなかで一定の自己像と同一化し、欲動をコントロールして生きる主体のこと（このような「自我」をハルトマンらの自我心理学派は受け継いだ）。一方、ラカンの考える「無意識の主体」は、日常的・社会的な同一化を一旦解除して活動する主体であり、より欲動の影響を受けて動く。

精神分析とは、主体が活性化した無意識に付き従って、抑圧されたものを意識化する営みであると、まずいうことができる。抑圧されたものが意識化される過程では、不安や怒りや罪悪感といった「情動」が起こってくる。また幼児期の親に対する感情が、セラピストに投影されて、転移が起こる。しかしながら、そもそも主体はなぜ、自己自身によって抑圧されたものをわざわざ無意識的に想起し、これを自己自身に意識化させようとする（あるいはその意識化の代わりに症状を生み出そうとする）のだろうか。主体はこのようなことをすることで、いったい何をしようとしているのか。以下、この点をラカンに即して考えていきたい。

2. フロイトに帰れ！

一九五〇年代の初期ラカンは「フロイトに帰れ」をモットーに、自らの分析実践の経験と照らし合わせつつフロイトを読み、その眼光紙背に徹する読みを通して、精神分析とは何かを徹底的に思索した。当時の精神分析家の実践に対する根本的な疑問が、ラカンにはあった。

彼はいう、「神秘の感覚がフロイトの思想に欠けているということは決してありません。はじめから中間から終わりまでそうです。私たちは、神秘を消え去ったままにして、あらゆる分析がまさにそこに基礎づけられなければならない手続き上大切なことを見失っています。もし私たちが一瞬たりとも神秘を見失ってしまったならば、私たちは新たな形態の幻影の中に自分を見失ってしまいます(4)」。フロイトは人間の心の真実に真摯に向き合うなかで、無意識のはたらきに驚嘆し、その神秘に打たれ続け、このことが彼の臨床と思索を促す原動力となった。このことにラカンは深い共感と敬意を表明している。右の引用で「新たな形態の幻影」とは、神秘の消え去った日常的・社会的現実のことであろう。このような現実への適応を重視する考え方（自我心理学派の考え方）が、当時の精神分析の世界で支配的だった。ラカンはこれに果敢に異を唱え、精神分析の営みのなかでいったい何が起こるのか、虚心坦懐に見つめ、常識に執《とら》われず権威に屈しない強靭な精神性をもって、徹底的に思索した。

ラカンの独創性は、人間存在を三つの次元、「象徴界」（言語活動の次元）、「想像界」（イメージの次元）、「現実界」（物自体、身体それ自体、存在そのものの次元）で捉えようとするところにある。その思索の歩みは一応、一九六四年のセミネール11（その前年、ラカンは国際精神分析協会の決定によって、訓練分析家の資格を剝奪された）を境に、前期と後期に区分できるように思う。前期ラカンは、象徴界の外部の現実界にその視座を据え、そこから客観的に、象徴界を生きる主体を捉えようとした。後期ラカンは、いわば脚下照顧《きゃっかしょうこ》の形を取って、彼の視座がそこに置かれている現実界へと、いっそうその関心を向け、現実界との関連性を生きる主体を捉えようとした(5)（筆者は、筆者独自の言い方「脚下の現実界」という言い方を気に入っている）。そのような思索の推移の境となるセミネール11では、後に見ていくように、本来的自己が問題化された。

本書は、このセミネール11の観点を主軸にしてラカンを捉え、その観点から前期と後期を眺めるという立場を取りたい。

3. 現実界

われわれは言語でもって分節化され構成された世界で、日々暮らしている。われわれは言語を用いつつ、言語に執われている。たしかにイメージも重要である。われわれが誰かのことを考えるとき、その人物の「顔」を思い浮かべるが、「顔」はイメージである（社会生活において一般的に、「顔」ほど重要ではないが、「服装」もイメージである）。しかし人間において想像界は、象徴界によって規定されている部分が大きい[6]。社会的現実は象徴界の現実態である。このような「顔」の「私」は日常、この社会的現実によって規定された自己を生きている。そして現実界は、象徴界の外部に覆《おお》い隠されている。現実界は今、ここにありながら、表象されえない次元である。現実界は、われわれの身体それ自体（身体像のことではない）の属する次元である。欲動は本来、現実界に属する。現実界は、自己自身が必ずそこにおいて死んでいく次元である。それは、後述するように、ハイデッガーが探求し続けた存在そのものの次元である。フロイトが日々の臨床のなかで打たれ続けていた神秘とは、現実界の神秘にほかならない。人間主体は日常、現実界と乖離し、自己存在の本来性を失った状態、すなわち、疎外《アリエナシオン》の状態にある。これがラカンの人間理解の基本である。

現実界は通常、外的世界において覆い隠されていると共に、抑圧と結びついて内的世界において覆い隠されている。

ラカンが次のようにいうとき、外的世界において現実界が顕現してくるときのことが考えられているだろう。「もしあらゆる瞬間において、現前に内包される神秘のすべてを伴って、現前の感覚が得られたならば、生きていくのは容易《たやす》くないでしょう。それはわれわれが遠ざけている神秘であり、要するに、われわれがそれに慣らされている神秘です(7)」。われわれが日常、その内に存在し、眼前にしていながら、その神秘に無感覚になっている次元が、現実界である。

内的世界において現実界があらわになってくる事態の典型は、覚醒時の日常的現実よりも強い、不思議な現実感のある夢である。夢は、無意識の言語活動と想像力によって、現実界と結びついたなにかを「覆い、包みこみ、匿《かくま》う」ことによって作られる。「夢の彼岸」には現実界がある(8)。不思議な現実感の強い夢では、夢の彼岸の現実界の感覚が相当立ちあらわれている。

たとえば、フロイトの有名な症例のひとつ、「狼男」と呼ばれる患者が、四歳のときに見た白い狼（大きな胡桃《くるみ》の木に六、七匹止まって、こちらを凝視していた）の夢。狼男によれば、この夢は「真に迫っており、また鮮明でもあ」った(9)。この夢は、彼の早期（一歳六ヵ月の頃）の記憶（言語を用いて出来事を構成し記憶する以前の、視覚など感覚中心の記憶）が、後の言語活動と想像力によって加工された形で想起されたものであり、その記憶とは、彼がふと目を覚まして目撃した「原光景」（両親の性交の場面）の記憶であることが、フロイトと狼男とが共同しておこなった分析作業によってあきらかにされた。この記憶は言語活動以前、主体が現実界のまっただなかを生きていた時期に属するものである。彼が四歳になり、性に関心をもったとき活性化した無意識が、その記憶を狼の夢という形で想起したのである。この時点でその記憶はトラウマの効果を主体に及ぼすことになり、当時の彼は動物恐怖に陥った。

なお、幻覚とは、そこにおいて外界と内界の区別が失われる異常現象である。ラカンはいう、「結局のところ、現実界の感覚とは、幻覚的な現実のありありとした顕現において、最大限に立ちあらわれるものではないでしょうか」[10]。幻覚では、通常の現実感の度合いを越えた強烈な現実感が体験されるが、このとき現実界の感覚が最大限に体験されている。

現実界は宗教体験に関連する次元である。「現実界の啓示の様式」が「神々」であり、「現実界の輝きや顕現」が、「ヌミノース性」（ルドルフ・オットーが宗教体験の本質と考えた、われわれを魅惑し圧倒し畏怖させる、説明しがたい要素）である[11]。ラカンはキリスト教神秘家である十字架のヨハネ（一五四二―一五九一）やアビラの聖テレサ（一五一五―一五八二）の神秘体験に言及している。現実界とは、〈いのち〉の輝きや尊さが真に実感されうる次元でもあろう。禅体験も含めて宗教体験には、現実界が本質的に関わっているといえる。

女性は、漠然とした身体感覚といった形で、比較的現実界との親和性をもっているように思われる[12]。思春期女子において自傷行為の見られることが比較的多いが、これは主体が死の欲動に動かされ、破壊的・攻撃的な気分になり、そのような行為をおこなっていると考えられるが、その際、「生きている実感」を希求して、そのような行為をおこなっていることを本人が自覚している場合がある。この場合、主体は現実界に触れ、〈いのち〉を実感しようとしていると考えられる。男性は身体それ自体から乖離し、観念的になってしまい、現実界と疎遠になってしまう傾向が強い。もっとも女性も男性も、言語を用いてこの社会的現実を生きなければならない。女性は「現実主義的」といわれることがあるが、これは自身の根底において漠然と感じられる現実界に対する不安があるからではないか。一方、男性は〈いのち〉の充実を求め、危険に挑戦したり、過酷な修行をしたりして、現実界への接近を図ったり、または芸術作品の創造——多くの場合、それはミューズとしての女性、現実界を媒介する女性に導かれるという仕方でおこなわれる——を通して、現実界と繋がろうと試みる。

幼児期、主体はまだ現実界との繋がりを生きていた。それゆえ、幼児期心性を取り戻すことは、現実界と再び繋がり、自己存在の本来性を回復することになる。主体が無意識的に幼児期心性を想起し、それを主体自身に再体験させ、意識化させせようとするのは、自己存在の本来性の回復のためではないか。また抑圧しなくては自己の心を保持できない出来事に遭遇したとき、その逃げ場のない状況のなかで、主体は否応なく自己存在の本来性を引き受けさせられる。このとき主体は無意識的に抑圧をおこなう。そうして主体は自己存在の本来性を生きることを放棄し、誤魔化して生きることを選択する。主体が抑圧した出来事を無意識的に想起し、そのときの状況を主体自身に再体験させ、意識化させようとする（あるいはその意識化の代わりに神経症症状を生み出そうとする）のは、やはり自己存在の本来性の回復のためではないか。精神分析とは結局のところ、無意識に付き従い、抑圧されたものの探求を通して、本来的自己の存在感覚を醸成することであると、筆者は考える。

（1）ブルース・フィンク、中西之信・椿田貴史・舟木徹男・信友健志訳『ラカン派精神分析入門　理論と技法』誠信書房、二〇〇八年、一六四頁以下。
（2）ジークムント・フロイト、新宮一成訳「無意識」『フロイト全集14』岩波書店、二〇一〇年、二二四頁。
（3）ジークムント・フロイト、道簱泰三訳「続・精神分析入門講義」『フロイト全集21』岩波書店、二〇一一年、一〇〇―一〇一頁。
（4）Jacque Lacan, *Le Séminaire 3: Les psychoses* (Paris, Éditions du Seui, 1981), p. 245.　小出浩之・鈴木國文・川津芳照・笠原嘉訳『精神病　上・下』岩波書店、一九八七年、『下』一〇〇頁。
（5）ラカンの現実界に関する筆者の理解は、Raul Moncayo, Knowing, Not-knowing, and Jouissance: Levels, Symbols, and Codes of Experience in Psychoanalysis（London, Palgrave Macmillan, 2018）に負うところが少なくない。なお、ラウール・モンカヨは禅仏教に造詣があり、最新刊としてYang

Yuとの共著で、Lacan and Chan Buddhist Thought: Reflections on Buddhism in Lacan's Seminar X and Beyond (New York, Routledge, 2023) がある。

(6) 「イマージュが動物と同様、われわれ人間の領域において中心的役割を果たしているとしても、その役割は象徴的な秩序によって完全に取り直され、練り直され、再び生気を吹き込まれているのです」(Jacque Lacan, *Le Séminaire 3*. op., p. 17. 前掲、『上』一二頁)。

(7) Jacque Lacan, *Le Séminaire 1: Les écrits techniques de Freud* (Paris, Éditions du Seui, 1975), p. 53. 小出浩之・小川豊昭・小川周二・笠原嘉訳『フロイトの技法論　上・下』岩波書店、一九九一年、『上』七一頁。なお、これは初期ラカンの言葉であり、この時期、人間の生はあくまで象徴界で営まれると考えられていた。とはいっても、これは、現実界の底知れない神秘をラカンが実感をもって捉えていたということを窺わせる言葉である。

(8) Jacque Lacan, *Le Séminaire 11: Les quatre concepts fondamentaux de la psychanalyse* (Paris, Éditions du Seui, 1973), p. 59. 小出浩之・新宮一成・鈴木國文・小川豊昭訳『精神分析の四基本概念』岩波書店、二〇〇〇年、八〇頁。

(9) ジークムント・フロイト、須藤訓任訳「ある幼児期神経症の病歴より」『フロイト全集14』岩波書店、二〇一〇年、二六頁。

(10) Jacque Lacan, *Le Séminaire 1*, op., p. 80. 前掲、『上』一一〇頁。

(11) Jacque Lacan, *Le Séminaire 8: Le transfert* (Paris, Éditions du Seui, 1991), p. 58. 小出浩之・鈴木國文・菅原誠一訳『転移　上・下』岩波書店、二〇一五年、『上』六五頁。

(12) セミネール20 (Jacque Lacan, *Le Séminaire 20: Encore* (Paris, Éditions du Seui, 1975) 藤田博

史・片山文保訳『アンコール』講談社選書メチエ、二〇一九年）において展開される性別論参照。なお、ラカンは生物学的性別とは無関係に、あくまで精神分析の立場で性別を考えている。

第二章　現実界と哲学——デカルトとハイデッガー——

1．デカルトの「我思う、故に、我有り」

現実界は、デカルト（一五九六―一六五〇）以来の近代科学的世界観・人間観を持った主体の観点から、いっそう見失われてしまった次元であるといえる。

デカルトは従来の「知」をそのまま信奉するあり方に関して、大きな疑問をいだいた。彼はすべての知を疑い、彼自身にとって確実な知を得ようとする、いわゆる「方法的懐疑」によって、「我思う《コギト》、故に《エルゴ》、我有り《スム》」という真理（確信できるもの）に到達した。デカルトは、「我思う」（思考としての主体）が「我有り」（存在としての主体）の十分条件であることを確認し、「我」（主体）を「思考するもの《レス・コギタンス》」として、「実体」（それ自体で恒常的に存在するもの）と見なした。これがデカルトによって哲学的に自覚された西洋近代的主体である。それは思考を続けるかぎり、そのかぎりにおいてのみ、実体として存在するもののことである。「私がただ考えることをやめたとしただけで、かつて想像した他のすべてのことが真であったとしても、私が存在していたと信じる根拠はまったくなくなる」[1]とデカルトはいう。

そしてデカルトにおいて、世界はそのような人間主体との関係性において、やはり実体として存在するもの、「延長するもの《レス・エクステンサ》」として捉えられ、人間主体はそのような世界から独立して存在するものと考えられた[2]。身体《コルプス》は「延長するもの」に属する。「思考するもの」としての精神《メンス》と身体とは、明確に区別される。デカルトによれば、精神と世界の両者の実体性は、究極の実体としての神によって支えられる。信仰があるかぎり、神は両者の実体性の盤石の支えとなる。こうして人間主体＝「思考するもの」の側から、世界＝「延長するもの」に属するもの（人間の身体を含めて）を、客観的に数量化して捉える近代科学が可能となった。近代科学は人間自身の精神に対してもその方法論を適用し、心理学が誕生した。

ところで、デカルトは懐疑する（＝思考する）主体の存在を確信したが、ラカンにいわせれば、この「確信」は実は「失敗」であった[3]。どういうことか。そもそもいったいデカルトはどのような根拠に基づいてそのような確信を得たのか。アドリアン・バイエの『デカルト伝』には、「霊感に満たされ」、「この日驚くべき学問の基礎を見いだした」という二十三歳のデカルトの手記が紹介されている[4]。デカルトは常軌を逸した懐疑のなかで、現実界に接触し、自己存在そのものに出遭ったのではないか。「我有り」が底知れない神秘として感じられる絶対的な体験、その体験に基づいてデカルトは「確信」を得たのではないか。しかしデカルトは、思考と存在が次元を異にするということには、思い及ばなかった。前者は言語活動であり、象徴界に属し、後者は現実界に属する。「私は、私が無い場で考える、したがって、私は、私が考えない場に有る」(5)。主体は思考するときには存在を失う。存在を確保しつつ、思考をおこなうことは、通常は不可能である。デカルトは自己存在の神秘に出会ったとき、性急に思考と存在を結びつけてしまった。この瞬間、彼において懐疑は確信に変わったが、同時に惜しいことに、現実界とは出会い損なってしまった(6)。これがラカンのいう「失敗」の意味するところであろう。思考する主体は脚下の現実界と乖離し、表象としての世界を作り出し、そこへと浮遊し、そこへと自らを閉ざしてしまう傾向を持つ。

しかしながら、現実界は物自体としての身体(生物的身体)の次元である。思考実体であるといっても、生物的身体をもって生きている以上、われわれには生物的身体に由来する感覚、痛みや飢えや渇きなどの感覚が、否応《いやおう》なく生じる。たしかにデカルトは『省察』「第六省察」において、痛みや飢えや渇きなどの感覚における心身の合一・混合を認めている(7)。しかし彼は、そのような感覚は不分明な意識状態であるとし、あくまで身体から独立した精神における明晰な意識状態を重視した。意識の明晰さは知性によってもたらされる。

デカルトが明確な哲学的自覚に達した主体(デカルト的主体)は、精神と同一化し、意識の明晰さを志向する主体である。デカルトは、思考と現実界の中間に位置する感性的経験の水準をも、主体から切り離し、主体と現実界との乖離を徹底したと考えられる。先に述べたように、デカルトは、精神と世界の両者の実体性を支える究極の実体として神を考えたが、この彼の考える神は、形而上学的に想定されたもの、すなわち、感性的経験を越えた次元に関わる純粋な思考によって想定されたものであると考えられる。

たしかにデカルト的主体は、感性に対して自然体で自己を委ねるということがなく、感覚と距離を置き、それを知性でもって思考するといった不自然さをもつ。しかしデカルト的主体は近代科学の主体として、その実体性の根拠となる神に対する信仰とは無関係となり、世界を合理的に統制し利用しうるものとなり、世界を席巻した。近代科学の恩恵を受けているわれわれは、多かれ少なかれ、デカルト的主体として生きている（あるいは生きることを余儀なくされている）。「科学的」でないことを認めないことが、われわれの常識である。

2. ハイデッガーとプラトン以来の西洋哲学史

ハイデッガーは『存在と時間』（一九二七年）以来、一貫して存在とは何かを問い続けた。彼は存在そのものを問うという、西洋哲学史において前代未聞の問題設定をおこなった。そして形而上学（純粋な思考によって、感性的経験を越えた次元を想定し、その次元の事柄について思考する営み）としての西洋哲学を、その起源に遡って問題化した。ハイデッガーによれば、西洋形而上学の伝統のなかで存在への問いは、真に問われることがないままに、現代まで来てしまったという。これはどういうことだろうか。

　哲学的思索は古代ギリシア、ソクラテス以前の時代に、何かが存在するという、このあまりに単純で、しかも最大の謎に、心を動かされた人々によってはじめられた。何かが無いのではなく、有るということ。この底知れない不思議。彼らはこの不思議を何とか説明したいという心情に動かされ、「万物の根源」を考えた。ハイデッガーによれば、「真理」を意味する古代ギリシア語、「アレーテイア」は覆い隠されていないということ、「非覆蔵性《ウンフェアボルゲンハイト》」のことである（アレーテイアのアは否定辞で、レーテー［忘却、覆蔵］を否定する）。それは存在そのものが顕わになるという事態である。ソクラテス以前の哲学者たちは、そのような非覆蔵性の経験のまっただなかに立ち、考えた。

　しかしプラトンに到って、哲学的思索のあり方に大きな転換が起こった。「真性についてのプラトンの教説」（一九三一／一九三二年、一九四〇年）においてハイデッガーは、よく知られたプラトンの「洞窟の比喩」に着目する。[8] 洞窟のなかに身動きできないように縛られ、顔を洞窟の奥の壁の方に向けられた囚人たちがいる。その壁には、洞窟の外を通り過ぎていく人たちの影が映っている。彼らの声も同時に聞こえるので、囚人たちは自分たちが見ている影を真実と思ってしまう。プラトンはこの比喩によって、通常人々はこの囚人のようなものであり、洞窟の外の真理の次元、彼のいう「イデア」の世界に、人々を差し向ける教育《パイデイア》が必要であると主張している。ハイデッガーによれば、プラトンはソクラテス以前の哲学者たちによって経験された非覆蔵性を踏まえながらも、何かの現前を何かの現前として可能にする「見相」＝イデアを考えつつ、これを「見ること《イディン》」を重視し、非覆蔵性としての真理の本質を背後に押しやってしまったという。これは、何かが存在するという出来事それ自体に圧倒される受動性よりも、「見る」という主体性が重視されるようになったということである。プラトンのイデア界は、人間主体による純粋思考によって想定される形而上学的次元である。こうしてプラトンは、形而上学としての西洋哲学の道を切り開くと共に、その始原にあった、非覆蔵性としてのアレーテイアの経験から離れてしまった。ハイデッガーはこうしたアレーテイアの経験を取り戻しつつ、プラトン以来の西洋形而上学の全体を、「存在忘却の歴史」として批判するのである。

ハイデッガーのアレーテイア＝非覆蔵性は、ラカン的に捉え直されるならば、現実界が顕わになる事態のことであると考えられる。「存在忘却の歴史」とは、現実界との出遭い損ないの歴史であるといってよい。先に述べたデカルトの「失敗」、現実界との出遭い損ないの背景には、プラトン以来の壮大な西洋哲学史の根本動向があったことになる。[9] フロイトがその無意識の学問的探求において、現実界の神秘に向き合っていたとするならば、彼はプラトン以来の西洋哲学史のなかで誰も問うことのなかった問題に向き合っていたことになる。精神分析において主体は話をしながら、無意識を活性化させ、存在そのものの次元である現実界に向かう(10)。ラカンはこのことを自覚的に理論的に説明しようとした。このようなラカンにとって、ハイデッガーは根本的に共鳴し合える相手であり、彼の思索を支持してくれる先達に思われたであろう。

3. ハイデッガーのエルアイグニス

ラカンはいう、「ハイデッガーは存在の根源への遡行という一種の哲学的な法《ロア》を定めました(11)」。おそらくラカンは、ハイデッガーが「言葉への道」（一九五九年）のなかで、彼の基本概念の一つ「エルアイグニス（Ereignis）」に関して述べる、次の文章を踏まえて、このようにいっていると思われる。「あらゆるものを独自なものとして現前させ、固有なものへと立ち還らせる、そうしたものの集合を、「法《ゲゼッツ》」として理解するならば、エルアイグニスはすべての法のなかでもっとも簡素でやさしい《ザンフト》法である(12)」。これはいったい何を言っているのだろうか。

ハイデッガーは存在を、実体性（それ自体で恒常的に存在すること）として見るのではなく、出来事として見ている（エルアイグニスの辞書的な意味のひとつは「出来事」である）。出来事は起こる。この起こるという動性に着目して、ハイデッガーは存在を捉える。このように捉えられた存在が、エルアイグニスである。エルアイグニスはハイデッガーの見た、存在の根源相である。エルアイグニスにおいて一切の存在は、その独自性において現前しており、その固有性に立ち還っている。その集合に「法」を見るならば、それは「もっとも簡素でやさしい法」であるという。ここで「法」とは、もちろん究極の法、いわば宇宙の真理のことである。われわれは人間社会の法（法律にかぎらない、社会生活のさまざまなルール）に従属して生きているが、実はこれはある意味、われわれの心に相当の無理や我慢を強いることになっている。われわれはその無理や我慢にある程度慣れて、麻痺した状態にある。こうしてわれわれは日常、『存在と時間』のハイデッガーのいう「頽落《フェアファレン》」の状態（無駄話に明け暮れ、あれやこれに好奇心を持ち、曖昧に日々を過ごしている状態）[13]、非本来的自己の状態にある。通常、社会のなかで自己存在の本来性を生きること（独自で固有の存在であること）は難しい。人間社会の法への従属は自己存在の本来性の否定と、ほとんど同義である。一方、エルアイグニス（存在の動性）を法として見定め、その法に自己を相応させることは、自己存在を含め一切の存在のありのままを肯定することである。法としてのエルアイグニスは、主体を無理矢理従属させはしない。それは「やさしい」。ここには仏教的な意味合いを見出すことも可能であろう。禅とハイデッガーとが真に出会う場を究明しつつ、ハイデッガーを解釈した辻村公一は、エルアイグニスの訳語として、華厳仏教の用語である「性起《しょうき》」を当てている[14]。

　ラカンはこのハイデッガーの文章に出会ったとき、「法」の語に反応したのではないかと思われる。というのも、当時（五〇年代の初期ラカン）の関心は主に、人間の言語活動にあり、それとの本質的関連性において法《ロア》（象徴界の法）を考えていたからである。もっともハイデッガーのいう法は、存在そのものの次元（現実界）の法というべきものである。ハイデッガーの思索（『存在と時間』の挫折の後、いわゆる転回《ケーレ》を経た彼の思索）は、存在を実体性として見る派生的見方（現実界と出遭いつつも出遭い損なってしまった、デカルト的主体の立場で見る見方）から、エルアイグニスとして見る根源的見方（現実界と接触したまさにその場に留まって、そこから見る見方）への「遡行」を徹底する形で、遂行されたと考えられる。その遂行は、エルアイグニスを法と見定め、これに主体が相応（もはや従属ではなく）するという行き方を取ったと考えられる。従属が自己の本来性を失うあり方であるのに対し、相応とは、存在の真理に心身を委ね、自己の本来性を取り戻すあり方である。

現実界を自覚的に取り戻し、そこに視点を据え、人間の言語活動を捉えることで、精神分析とは何かを考えようとしていた当時のラカン、精神分析界の異端児であった彼にとって、このようなハイデッガーは、当時の彼の関心事と完全に合致していたとはいえないにしろ、大いに共鳴するところがあり、彼を支持するものに思えたであろう。やがてラカンはハイデッガーの見定めた法に彼自身相応するように、脚下の現実界を見据えるようになっていく。

4. 哲学精神

フロイトは精神分析に「科学的」体裁をもたせようと腐心した。彼はデカルト的＝近代科学的主体として、合理的に思考した（たとえば、男性を「能動」、女性を「受動」と単純に割り切って捉えるところなど、彼の思考は理に落ちて、事柄そのものから離れてしまっているところがある）。しかし彼はデカルトとは違い、臨床を通して（そして彼自身の無意識と向き合うことを通して）、現実界に触れ、神秘に打たれ続けたのではないかと思われる。

ラカンはいう、「フロイトは哲学者ではないといわれます。だが、私は彼のもの以上に哲学的である、科学的に仕上げられたテクストを知りません[15]」。そもそも哲学とは、現実界に触れた主体が「驚愕《タウマゼイン》」（アリストテレス）や「悲哀」（西田幾多郎）などによって動機づけられ、根本的な問題を考える営みであると思う。哲学者の思索は、彼が現実界に触れた瞬間の非日常的な気分が保持されつつ、遂行される。その際、哲学者はロゴス（言葉、論理）を頼りとする。彼は真理を表現するのにふさわしい堅牢でしなやかな論理を鍛え上げようとする。ラカンはフロイトのそのような哲学者の側面に、誰よりも気づいていたと思われる。

ラカンはいう、「私たちが楽しい精神分析に近ければ近いほど、それは真の精神分析になります。やがてそれは軌道に乗って似て非なるものとなり、小手先でおこなわれることになるでしょう。われわれは自身のやっていることが、まったくわからなくなるでしょう。（中略）だから、楽しみましょう。われわれは精神分析をやっているのですから」[16]。精神分析家にとって精神分析が楽しいのは、患者と共に現実界との繋がりを求めつつ、自由な独立した主体となって、考えることができるからである。そしてそのような精神分析を実践しつつ、精神分析とは何かを考えることには、哲学する喜びがある。しかし精神分析が一般社会に認められ、その教育制度が整備されようになると、教条主義に陥り、小手先の技法に走る者も出て来る。そして精神分析コミュニティにおいて権力を振るう者があらわれる。そうなれば、哲学精神は失われ、自由は失われ、精神分析とは何かはよくわからなくなってしまう（右の引用では、自我心理学派のことを念頭に置きつつ述べていると思われるが、そこには自らの「学派」も含めて、これが精神分析の「宿命」のようなものである、というラカンの予感もこめられているのであろうか。一九六四年にラカンによって立ち上げられたパリ・フロイト派は、一九八〇年、彼自身によって解散された）。

（1）　ルネ・デカルト、山田弘明訳『方法序説』ちくま学芸文庫、二〇一〇年、五七頁。
（2）　ルネ・デカルト、山田弘明・吉田健太郎・久保田進一・岩佐宣明訳『哲学原理』ちくま学芸文庫、二〇〇九年。
（3）　Jacque Lacan, *Le Séminaire 11*, op., p. 116.　前掲、一六六頁。

（4）アドリアン・バイエ、井沢義雄・井上庄七訳『デカルト伝』講談社、一九七九年、三六頁。

（5）ブルース・フィンク、村上靖彦監訳『後期ラカン入門　ラカン的主体について』人文書院、二〇一三年、七五頁。筆者の基本的なラカン理解は、フィンクに負っている部分が大きい。

（6）フロイトが『夢の解釈』（一九〇〇年）のなかで取り上げる、彼自身の見た「お通夜の父親の夢」に関する、ラカンの解釈（Jacque Lacan, *Le Séminaire 11*, op., p. 56ff. 前掲、七六頁以下）を参照。

（7）ルネ・デカルト、山田弘明訳『省察』ちくま学芸文庫、二〇〇六年、一〇九頁以下。

（8）辻村公一・ハルトムート ブフナー訳「真性についてのプラトンの教説」『ハイデッガー全集9』創文社、一九八五年。

（9）現実界との出会い損ないは、イマヌエル・カント（一七二四―一八〇四）にも起こったと思われる。デカルトの「思考する我」（デカルト的主体）を継承するカントは、同時代、評判の高かった、神秘思想家のスヴェーデンボリによる霊界との交流の記録を読み、驚嘆しつつも、これを鋭く批判した（金森誠也訳『カント「視霊者の夢」』講談社学術文庫、二〇一三年）。そして『純粋理性批判』の思索に到った。『純粋理性批判』では、物自体や神は、純粋理性による推論の限界の外側（これは現実界に相当する）に置かれる。もっともカントの場合、自己の行為が道徳的かどうかを推論する「実践理性」に関しては、神を想定することを認め、神との関係性を考え、自己の自由意志でもって、これを行使すべきものとした。

（10）「語り《ディスクール》」は本性上、それに対して「存在」以外の用語をわれわれが持っていない、何ものかを目指す」（Jacque Lacan, *Le Séminaire 3*, op., p. 156. 前掲、『上』二二八頁）。この「何ものか」とはもちろん現実界のことである。

（11） Jacque Lacan, *Le Séminaire 1*, op., p. 217. 前掲、『下』五四頁。

（12） Martin Heidegger, *Gesamtausgabe 12* (Frankfurt a. M.,Vittorio Klostermann,1985), S. 248. 亀山健吉・ヘルムート グロス訳『ハイデッガー全集12』創文社、三二一頁。

（13） Martin Heidegger, *Gesamtausgabe 2* (Frankfurt a. M.,Vittorio Klostermann, 1977). 辻村公一・ハルトムート ブフナー訳『ハイデッガー全集2』創文社、一九九七年。

（14） 辻村は、注12のハイデッガーの言葉に関して、「ここで関心のある人は、「佛法」と言われる場合の「法」を併せて考えられたい」と述べている（辻村公一『ハイデッガーの思索』創文社、一九九一年、二九四頁）。なお、西田幾多郎以来の京都学派の系譜にある辻村から、筆者は大きな影響を受けている。

（15） Jacque Lacan, *Le Séminaire 2: Le moi dans la théorie de Freud* (Paris, Éditions du Seui, 1978), p. 118. 小出浩之・鈴木國文・小川豊昭・南淳三訳『自我 上・下』岩波書店、一九九八年、『上』一五六頁。

（16） Jacque Lacan, Le *Séminaire 1*, op., p. 91. 前掲、『上』一二五頁。

第三章　人間的主体の生成過程

1. 言語学と精神分析の邂逅

夏目漱石の『門』の主人公は、日曜日に縁側で日向ぼっこをしていて、突然妻に「どうも字というものは不思議だよ」と真顔でいい、こんな話をする。「何故って、いくら容易《やさし》い字でも、こりゃ変だと思って疑り出すと分からなくなる。この間も今日《こんにち》の今《こん》の字で大変迷った。紙の上へちゃんと書いて見て、じっと眺めていると、何だか違ったような気がする。しまいには見れば見るほど今らしくなくなって来る」(1)。普段当たり前のように使っている字――ここでは「今」――を、彼は変に意識してしまった。精神分析家の土居《どい》健郎《たけお》はこの主人公の状態に関して、次のように述べている、「この状態は精神医学でいう離人症の症状に似ていると考えることができる。というのは、最も確かであるべきはずの、簡単な字の記憶について現実感が失われ、そのことで彼は強迫的に反芻しているからである。そして彼がこのような症状に悩んでいるという事実は、彼の精神内部で何か非常に重大なことが起きていることを暗示しているといえるのである」。ここで「精神内部で何か非常に重大なことが起きている」状態とは、無意識が活性化し、現実界に牽引されている状態であると考えられる。現実界の顕現して来る状態において、言語（文字）を眺めると、これまで馴染みのものだったそれは、奇妙な相貌、現実界における〈物〉の相貌を呈してくる。なお、深い悩みをかかえた『門』の主人公は、その悩みの解決を禅に求め、十日間禅寺で修行するが、解決は得られなかった（もっとも、ここでは詳論する余裕がないが、漱石は、禅の道に出ることに関するこの主人公の「失敗」を描くことによって、禅に対する漱石自身の深い共感と理解を語っているように思われる）。[2]

前期ラカンは自覚的に現実界に自らの視座を据え、そこから人間の言語活動を客観的に捉えて、それを徹底的に問題化し考察した。その際、彼はフェルディナン・ド・ソシュールの言語学理論に依拠した。ソシュールによれば、語は「シニフィアン」（語の音声的・物質的側面）と「シニフィエ」（語の意味的側面）とに峻別される。たとえば、「ネコ」という音声を聞いてわれわれが、あのしなやかに動く気紛れな四脚動物を思い浮かべるとき、「ネコ」という音声がシニフィアンであり、思い浮かべたイメージがシニフィエである。われわれはシニフィアンを共有することで一定の表象世界を共に生き、そこで複雑なコミュニケーションを展開し、関係性をより豊かなものにする。

シニフィアンを用いたコミュニケーションとは、意味を入れた箱を相手に渡すこと（意味の直接的伝達）ではない。「というのは、言語の機能は伝達することではなく、喚起することであるからである」[3]。つまり、シニフィアンを用いたコミュニケーションは、相手に空の箱（シニフィアン）だけを渡すことであり、意味は相手の側でその空の箱の中に喚起されなければならないのである。たとえば、「ピカイア」というシニフィアンを手渡された相手は、それに妥当するシニフィエ（古生代の海の生物）を喚起できないかもしれない。言語活動ではもろもろのシニフィアンが繋がれていく。シニフィエは、シニフィアンが繋がれていくなかで喚起され、しだいに確定されてくる。

シニフィアンそれ自体には意味はない。器と中身の関係のように、シニフィアンとシニフィエの結びつきには何の必然性もない。それゆえ、シニフィアンを用いたコミュニケーションを成立させるには、この容器にはこれ、あの容器にはあれといった「契約」とか「合意」、広い意味での「法」が必要となってくる[4]。言語活動における法の感覚こそが、およそ法というもの——狭義の「法律」だけでなく、「規則」や「社会規範」や「対人マナー」などを含む広い意味での法、ルール——の感覚の基礎となるものである。

このような言語活動のおこなわれる次元が、象徴界である。シニフィアンの本質は、他のシニフィアンとの差異のみに存する。プラスがあればマイナスがあるように、象徴界の基本単位は対のシニフィアンである。[5] 象徴界における思考は、基本的に同一律（A＝AならばA＝Aである）と矛盾律（A＝AとA≠Aが同時に成り立つことはない）によって支配される、二元論的なもの（これとあれとを明確に区別して進められる思考）となる。こうした思考（言語活動）によって世界は分節化される。一方、「現実界には裂け目がない」[6]。現実界は分節化以前の一枚の世界であり、世界の真相といえる。象徴界はもろもろのシニフィアンの相互の差異のみによって作られた一つの壮大な構造、ひとつの宇宙である。そのなかでシニフィアンとシニフィアンを繋げ意味の織物を編んでいく者、それが人間的主体である。では、人はこの世に生まれて来て、どのような過程を経て、このような人間的主体となるのだろうか。

2．鏡像段階

人間になるとは、言語活動の主体になることである。人間的主体＝言語活動の主体とは、象徴界のなかに自己を一個のシニフィアン（名前）として見出し、それを用いて象徴界を主体的に生きる主体のことである。なお、本書で「人間的主体」とは神経症的主体、すなわち、抑圧によって定義される主体のことを意味する。

人は現実界のまっただなかに生まれて来る。発達の最初期、象徴界は「外部」にある。自己を一個のシニフィアンとして見出す以前、子どもは自己を次のような自己の存在感覚として体験している。すなわち、だっこされるときなどの皮膚感覚としての自己の存在感覚、彼に呼びかける声によって喚起される自己の存在感覚、彼に注がれる眼差しによって喚起される自己の存在感覚、彼を苛《さいな》む欲動をなだめ、享楽をもたらしてくれる乳房によって喚起される自己の存在感覚などである。「愛着《アタッチメント》」の形成は、だっこなどの暖かいスキンシップと深く関係している。このことは特に手の使える哺乳類にみられる現象である。しかし後にみていくように、声と眼差しは人間を人間へと生成する上で、重要な役割を果たす。授乳時の乳房は、母の声や眼差しの効果が加味されることで、乳児にとって自己の存在感覚を育てる上で効果的であろう。そして乳房は子どもがその手でつかめる物体であり、通常、彼はそれに自己の存在感覚を託し、漠然と自己同一化することになる。しかしこのような最初期、もろもろの自己存在の感覚はバラバラに体験されている。過去の自己の存在感覚と現在の自己の存在感覚とを繋ぐものはない。もろもろの自己の存在感覚を繋ぎ合わせ、統一を与えるものが、自己の身体像である。それは過去から現在、現在から未来へと途切れなく存続していく実体としての自己存在を保証するものである。このような自己の身体像は、「鏡像段階」(7)(生後六ヵ月から十八ヵ月)において獲得される。

　鏡像段階論は初期ラカンのよく知られた業績である。鏡像段階とは、子どもが運動調節能力の未完成の発達段階で、鏡像との同一化を通して、身体の統一性を先取り的に獲得する、そのような過程のことである。その際、一緒に鏡を見る母などの〈他者〉の役割が重要である。〈他者〉

とは、その人物との関係性においてはじめて主体の言語活動が可能となる、主体にとって重要な人物のことである（ここでは〈他者〉は母として考える）。

母は「ほら、××ちゃんだよ」と子どもの名を呼び、子どもの鏡像を見る。このとき鏡のなかの母の眼差しは、鏡の前の子ども自身に注がれている。母の声と眼差しは子どもにおいて自己の存在感覚を喚起する。子どもは傍らの母の方を向く。母も子どもの方を向く。子どもは鏡のなかから自分に注がれたのと同じ眼差しに出遭う。その眼差しは子どもにおける自己の存在感覚をよりたしかなものにする。それと同時にその眼差しは、さきほど同じ眼差しが「ほら、××ちゃんだよ」という声と共に「これ」と指し示したもの（鏡像）と、今、その眼差しを浴びている「これ」（自己自身）とが、同じものであることを告げている。こうした母の声と眼差しの効果によって、子どもはその鏡像との同一化へと促される。子どもは手足を動かし、それが鏡像に反映されるのを見て、その同一性に大喜びする。しかしながら、これは想像界へと主体が執われてしまうということである（鏡面は想像界を意味する）。ラカンはその同一化に否定的なもの、すなわち、「原初的疎外[8]」を見出した。ここで「疎外」とは、現実界を失い、自己存在の本来性を失ってしまうということを意味する。人間が人間であるためには、宿命的に疎外を被らざるをえないということに注意したい。

筆者はラカンの考えを一歩進めて、次のように考える。その同一化の瞬間は、自己の存在感覚が高騰する瞬間である。しかしその瞬間は同時に、想像界において自己に執着し、自己を実体化することのはじまりでもあることに、注意しなくてはならない。鏡像段階において獲得された身体像は、さまざまな自己の存在感覚を統一するものとなり、過去・現在・未来と途切れることなく存続していく実体としての自己存在を保証するものとなる。そして自己の身体像は自己像――ラカンのいう「自我《モア》」――の核となる。自己像は、さまざまな人物（身近な家族だけでなく、物語の中の人物なども含めて）との同一化を、たまねぎの皮を重ねるようにして作られていく。(9) 自己の名は、このような自己像を喚起するシニフィアンとして、主体と他者の間で用いられるようになる（もちろん、主体と他者とで喚起される自己像には、多少の違いはあるだろうが）。鏡像段階は、言語活動の主体としての人間的主体の生成過程の、決定的な端緒を開くものである（もちろんその前提として、それ以前の母との情緒的関係性によって、自己の存在感覚がある程度準備されていなければならない）。

鏡像との同一化の瞬間、高騰した自己の存在感覚は、主体が想像界において自己を実体化し、しだいに言語活動に入っていくにしたがって、失われていく。その感覚は、取り戻すべき本来的な自己の存在感覚として、主体の目標になると考えられる。仏教的な観点に立つならば、自己執着・自己実体化は、あらゆる人間の苦の根源である。鏡像段階は、言語活動の主体という「万物の霊長」になる過程のはじまりであると同時に、あらゆる苦のはじまりでもあるといえるのではないだろうか。

3．糸巻き遊び

鏡像段階において自己の身体像を獲得した主体は、まもなく試練にぶつかる。鏡像段階における鏡像との同一化は、母＝〈他者〉によって支えられているが、その母＝〈他者〉が主体の眼前から消え去る事態のしばしば起こることに、彼は気づく。実はこのことが主体を言語活動の主体へとさらに促進する上で、本質的な効果を及ぼす。この試練に耐えて、言語活動へと入っていこうとする主体の健気《けなげ》な姿を、われわれはフロイトの観察した一歳六ヵ月（ちょうど鏡像段階が終わった頃）の男児（フロイトの孫のエルンスト）の行動に見ることができる。エルンストは「……ひもをもちながら、カヴァーをかけた自分の小さなベッドの方に、その縁ごしに大層巧みに投げ入れた。こうして糸巻きがベッドの中に姿を消すと、糸巻きに向って、意味のある「オーオーオーオ」［引用者注：この「オー」は fort すなわち「いない」を意味すると考えられる］を言い、それから、ひもを手繰って糸巻きをベッドから再び引きづり出した。ところが、糸巻きが現われると今度はうれしそうに「いた（da）」といって歓迎したのである」(10)。

フロイトによれば、この糸巻きは母親を意味し、この遊びは眼前から母親が消え去るという現実を再現するものであるという。ラカンはこの糸巻き遊びにおいて、言語活動のはじまりを見た。

エルンストはたまたま近くに転《ころ》がっていた糸巻きを見つけ、それに乳房のイメージ（母の香り、母のやさしい声や眼差しで彩られた、懐かしいイメージであり、自己自身でもあるイメージ）を託すことができることを発見する。この糸巻きは乳房を象徴するもの、すなわち、乳房のイメージをシニフィエとして担うシニフィアンとなる。エルンストはそれを「オー」や「ダー」と連合させ、「おっぱい、ない」や「おっぱい、あった」を表現している。「オー」と「ダー」は、象徴界の基本単位である対《つい》のシニフィアンであり[11]、この遊びが言語を用いた遊びであることを示唆している。

さらにこの糸巻き遊びを検討してみよう[12]。エルンストは糸巻きを手にしたとき、そこに乳房を想像し、嬉しそうに「ダー」と声を上げる。しかしよく見ると、それは乳房でない。彼は乳房の失われた現実に直面する。彼は怒りに駆られ、「オー」といってそれを投げ捨てる。そして欲動（乳房を求める欲動）に駆動された彼は、再びそれを手許《てもと》に引き寄せ、そこに想像力を用いて乳房を見ようとする。彼は欲動に駆り立てられ、いつまでも欲動充足の得られない切ない気持ちのまま、反復強迫に嵌《は》まり込んでしまうことになる。この子の言語活動がわれわれのそれと異なるのは、彼がシニフィアンそれ自体（乳房ではない物体としての糸巻き、シニフィアンそれ自体）を見てしまう点にある。通常、言語活動においてわれわれの関心は、シニフィアン連合の喚起する意味作用にある。シニフィアンそれ自体は覆い隠されていなければならない[13]。シニフィアンそれ自体（シニフィアンの物質性）は現実界に属する。それが見えて来るとは、現実界が前景化し、言語活動が破綻を来たすという異常事態である。彼の反復強迫は、破綻しかかる言語活動を何とか持ち堪えようとするものとなっている。ラカンはこの糸巻き遊びに「主体の根本的な揺らめき」を見て、この子は「疎外《アリエナシオン》を志向している」という。[14] ここで「疎外」とは、言語活動を志向しつつ──それは現実界から乖離し、自己存在の本来性を失うことを志向しているということである──、言語活動の主体になりきれない状態のことである。

ところで、先に述べたように、通常、発達の最初期、子どもは欲動対象である母の乳房と同一化している。鏡像段階を経たばかりの主体は、一方で自己を一個の身体像として捉え、実体としての自己の存在感覚を持っているが、他方で乳房＝自己としての存在感覚も残しているのではないか。例の糸巻き遊びの男児自身の、その遊びと同時期に見られた、次の遊びがこのことを示唆する。「その子は、ほとんど床まで届きそうな姿見のうちに自分の姿を発見し、それからうずくまって、その鏡像が「いなく」なるようにさせていたのである」[15]。エルンストにとって、乳房＝自己がもはや無いのに、自己が今も存在していることが疑問に感じられる。この疑問の解決のために彼は、姿見に向かう。乳房＝自己としての存在感覚に適合するように、彼はそこに映る自己の鏡像を消し去る。しかしその鏡像は自己の意志で、再生させることができることに気づく。彼は自己の身体像を持ち、実体として存在する自己を逆に確認することになる。しかし自信が持てず、最初の疑問に戻る。そうして同じことを繰り返す。ここで例の糸巻き遊びの反復強迫について改めて考えてみるならば、それは破綻しかかる言語活動を何とか持ち堪えようとする絶望的な試みであると同時に、危うい自己の実体性を何とか持ち堪えようとする、やはり絶望的な試みであると考えられる。

フロイトはこの反復強迫に死の欲動を見た。エルンストは死の欲動に駆動されて、この糸巻き遊びをおこなっていたという。フロイトの議論は直観に留まっている。右の議論を踏まえて、このフロイトの直観をもっと論理的に説明してみたい。欲動充足が今この場でかなわず、この子の心身は緊張状態に置かれている。このとき欲動はその対象（乳房）に実際に到達し欲動充足を得る方向へと主体を駆動する代わりに、言語活動へと彼を駆動する。このことによって、心身の緊張の緩和がなんとか試みられる。こうして主体にとって、現実界からの象徴界の分化がはじまる。現実界が〈いのち〉の次元であるのに対して、象徴界は〈いのち〉のない物質（シニフィアン）の次元である。この糸巻き遊びにおいて主体を駆動する欲動は、このような象徴界へと彼を駆動する点で、死の欲動であると考えられる。そもそも人間主体を駆動する欲動は、彼を象徴界へと駆動するものとなる点で、ラカンのいうように、「すべての欲動は実質的には死の欲動である」(16)。

4. 対象aとファルス

エルンストにとっての乳房のように、主体を言語活動へと促進する「失われた現実界的対象[17]」を、ラカンは「対象a」と名付けた。対象aとは、「主体以前であり、また主体の同一化の基礎でもあり、主体によって否定されたその基礎[18]」である。それは主体が主体となる以前、そこにおいて自己の存在感覚――先に述べたように、この感覚に基づいて鏡像段階における鏡像との同一化が起こる――が見出される対象のことであると考えられる。

対象aは、失われた享楽（欲動の充たされた母子一体の状態）を想起させる機能をもつ。ブルース・フィンクは対象aを「想起させる残余物（rem(a)inder）」と表現した[19]。[rem(a)inder とは、remainder（残余物）と reminder（想起させるもの）を圧縮した語]。エルンストは糸巻きに今失われている乳房のイメージを託し、それで遊びながら、母の存在、母と共にあった享楽のときを思い描き、切ない思いで母の乳房を求め、母の存在を求めている。対象aは失われた享楽を想起させ、主体にそれを求める気持ちを惹き起こすという点で、「欲望の原因」である。乳幼児期における乳房＝対象aは、主体の欲望の起源である。ラカンは乳房以外にも、糞便、眼差し、声が、対象aとしての機能を果たすと考えた。われわれが今ここにいない人物の眼差しや声を想起し、その人物の存在をリアルに感じ、「会いたい」と欲望するとき、その眼差しや声などは対象

aとして機能している（糞便に関しては第八章2参照）。
ラカンによれば、「欲望《デジール》」は現実界において対象aによって触発される欲動によって駆動されつつ、象徴界のなかで展開される。われわれは言語活動によって欲動を制御し、象徴界のなかで欲望を生きている。糸巻き遊びの反復現象は言語活動を志向しつつも、言語活動のなかで未だ欲動を扱い切れず、欲望の主体になれず、欲動に翻弄されている状態を示唆する。

失われていること（「無」）が、対象aの中核にある。対象a＝乳房の「無」と直面したとき、エルンストはたまたま身近にあった糸巻きがその乳房のイメージを担わせるものとして使用できることを発見した、という点に着目したい。このとき彼は最初のシニフィアン、シニフィアンそれ自体を創り出したといえる。すでに述べたように、そこに彼は、彼が見たい乳房のイメージだけでなく、糸巻きそれ自体、シニフィアンの物質性を見てしまう。シニフィアンそれ自体とは、「これといったシニフィエのないシニフィアン」[20]である。ラカンはハイデッガーの有名な講演「物」（一九四九年）を念頭に置いて、それを壺に喩えている[21]。土を捏《こ》ねて壺を作った結果、壺のなかの空洞ができるのではない。空洞のまわりに土を捏ね上げ、壺を作るのである。何かを入れる容器としての壺の本質は、空洞、「無」にある。シニフィアンそれ自体を壺に喩えた場合、この「無」は対象aの「無」に相当する。壺の素材の土は、現実界に属するシニフィアンの物質性に相当する。シニフィアンそれ自体とは、対象aの「無」を取り囲む形で、現実界の素材を用いて作られた、いわば空っぽの容器のようなものであると、筆者は考える。

ラカンはシニフィエのないシニフィアン、シニフィアンそれ自体に、ギリシア語で男性器、特に興奮状態で屹立したそれを意味する「ファルス」という名称を与えた[22]。硬く大きくなり屹立した男性器は、自己の欲望を生きる主体性、積極性とか、自己主張し、前に突き進んでいく姿勢とかを、普遍的に象徴するイメージとなりうるだろう。それはまさに、言語を用いて自己の人生を切り拓いていく人間主体のイメージである。ラカンはそのようなイメージをシニフィアンそれ自体にまとわせ、それを「ファルス」と呼んだのではないかと思われる。エルンストの握りしめる堅い糸巻きの感触――硬い感触は一般的に男児が好むものであり、彼らはソフビ人形やミニカーなど、堅い素材でできた玩具が好きになる――、そこにはもともとの意味のファルスのイメージが認められるように思われる。

対象aの欠如に気づく以前、主体にとって象徴界と想像界と現実界は未分化な状態にある。対象aの欠如に直面した主体は、対象aをイメージとして再現させる場、想像界を分化させる。そしてそのイメージを担うべきものとして、シニフィアンそれ自体、ファルスを創出し、象徴界を分化させようとする。対象aの欠如との直面によって、象徴界と想像界と現実界の分化が惹き起こされる。しかしファルス創出の時点では、象徴界と現実界は未だ完全には分化されておらず、融合した状態にある。エルンストは糸巻きを用いて言語活動をおこないつつも、繰り返し現実界のなかで物自体としての糸巻きを見てしまうと考えられるが、これは彼の糸巻きが、象徴界に属するものであったり、現実界に属するものであったりするということであり、象徴界と現実界の融合を示唆する。

5. 去勢・〈父の名〉・法

対象aの欠如と出遭い、ファルスを創出した主体は、言語活動の幅を広げていく。象徴界をしだいに分化させていく。「××ちゃん、プリンたべたい」などと自己の名を用い、象徴界において自己の欲望を追求していく。しゃべること自体が楽しくなる。自己の身体像ともよく馴染み、走り回ることに悦びを感じる。そうして自己の実体性もしだいに堅固なものとなってくる。しかし本当の意味での言語活動の主体、すなわち、象徴界を現実界から完全に分化させた上で、象徴界に自己を統合し、〈他者〉の視点をわがものにした主体になるためには、「去勢」を経なければならない。「去勢」という観念が人間の深層心理に及ぼす大きな影響力に着目したのはフロイトだが（男子にとってはペニスを失う不安が、女子にとってはそれがないことの劣等感が、男女それぞれに特有の心理的帰結を生むとされた）、ラカンはフロイト理論を言語学の知見を用いて読み直すなかで、去勢を主体が象徴界に統合されるための必要条件として捉え直す。

去勢以前の主体において自己の実体性は、彼の名を呼び、彼に眼差しを向ける外部の〈他者〉

によって支えられ、持ちこたえられている（主体が最初に出遭う〈他者〉は、多くの場合、母であり、ここでは〈他者〉＝母として考察する）。このような主体は、自己にとって大事な存在である母が、眼前から消え去ってしまうことがたびたびあることを問題視するようになる。母はいったい何を求めて、自分の眼の前から去ってしまうのか。主体は母の欲望の大いなる謎に遭遇する。そして主体は〈父の名〉に出遭う。〈父の名〉とは、たとえば次のようなものである。夜、子どもが母と一緒に遊んで過ごしているとき、父が帰宅する。母は「あっ、パパだわ」と、喜んで父を迎えに行く。子どもは取り残された淋しい気持ちになる。あるいは、そのような気持ちになることを回避するため、母よりも先に父を迎えに行く。この場合、子どもは母の欲望を自己自身の欲望としている。しかしこのような回避は結局のところ成功せず、子どもは母を奪われた気持ちを体験する。このように母子密着に亀裂を入れる、母の言動の中に出てくる「パパ」が、〈父の名〉である。〈父の名〉によって、子どもは母と分離させられ、象徴界へと導かれ、社会化される。これがラカンのいう去勢である。子どもは痛みと悲しみに耐え、〈父の名〉を受け入れ、去勢を受け入れる。〈父の名〉とは必ずしも実父を指し示すシニフィアンのことではないが、ここではまず、実父を指し示すシニフィアンとして考えてみたい。

〈父の名〉との遭遇は、子どもにとってひとつの試練である。乳幼児期、享楽（欲動満足）の源泉は母にある。乳幼児の体験する母との融合は、享楽の体験である。しかし言語を用いるようになり、しだいに自己の実体性を築きつつある子どもにとって、そのような享楽は母に飲み込まれてしまう恐怖として幻想的に表象され、脅威に思われてくる。子どもは、一方で母子一体の享楽を求めつつ、他方でその享楽を怖れ、母の欲望が自己に向けられることを怖れ、葛藤する。このとき〈父の名〉に救いを求めて、〈父の名〉を内発的・主体的に受け入れ、母子一体の享楽への道を閉ざすという仕方で、この葛藤を乗り越えようとする主体が、神経症者である。〈父の名〉による母の欲望の抑圧が最初の抑圧であり、それ以後の抑圧の原型となるものである。フロイトの症例ハンス坊や（五歳）は、馬車の馬を異常に怖がったが、ラカンによれば、ハンスにとって「馬」は、貪り喰う母の幻想を背後に隠し抑圧するものであり、〈父の名〉として機能していた。貪り喰う母の幻想は、世界各地の神話や昔話などに描かれてきた。ラカンは「メドゥーサの頭にぱっくり開いた穴」に言及している(23)。

去勢とは、このように人間的主体（神経症的主体）の生成を仕上げるもの、すなわち、この世に生を享け、しだいに自己の存在感覚を育み、鏡像段階を経て、ファルスを創出し、言語活動へと出ていく主体にとって、象徴界への統合を決定的にするものである。神経症者になる内発性を生得的にもった主体、換言すれば、神経症を志向する主体にとって、〈父の名〉は、彼の心に父の存在を呼び起こし、彼に母子一体の享楽を断念させ、母子分離を促す。そして〈父の名〉は、言語使用を成立させる上で不可欠の法の感覚、約束は守らなければならないという感覚の体得へと主体を導き、人間の社会的生活がそこにおいて営まれる象徴界へと、主体を統合させる。そしてさらには、〈父の名〉がそこに結びつく「歴史」へと、主体を統合させる。ここで「歴史」とは、主体がそこにおいて自己のアイデンティティを見出して生きる、象徴界の現実態としての歴史文化共同体のことである。主体はそのような共同体の価値観を生きていくようになる。ラカンはいう、「歴史的な時間の端緒が開かれて以来、象徴界の機能は、父という人物を法の姿と同一とみなすが、そうした象徴界の機能の支えがそこに認められなければならないのは、〈父の名〉においてである[24]」。「歴史的な時間」は、歴史文化共同体が成立した時点から、刻まれはじめる。それ以来、父という人物は、その共同体を機能させる法を体現する。〈父の名〉を聞くとき、主体は彼の心に父の姿を思い浮かべることによって、その共同体の法を信じ、それに従おうとする。このことによって、その共同体は存続していくことになる。〈父の名〉というラカン的概念の背後には、たしかにキリスト教における神の名があるだろう。しかしそれは、キリスト教的伝統を越えた、ある程度の普遍性をもった（日本人にもある程度通用する）概念であると、筆者は考えている。

このような〈父の名〉による去勢を経て主体は、言語の座である〈他者〉の視点をわがものにし、基本的に〈他者〉の声や眼差しなどによって支えられなくても、自己の実体性を実感できるようになる。また通常、歴史へと統合されることは、間接的にではあるが、主体にとって現実界との繋がりを可能にするだろう。というのは、歴史文化共同体にはなんらかの宗教や芸術が含まれており、そもそも宗教や芸術とは、ヌミノース体験に基づき、現実界との繋がりのなかで生成してきたものであるからである。

ところで、これまで実父を指し示すシニフィアンとして〈父の名〉を考えてきたが、〈父の名〉の機能を果たすものは、もちろん実父を指し示すシニフィアンだけではない。身近にいる敬愛する人物の名、歴史的・伝説的英雄の名、国家の名、神の名などであることもある。(25) どのような〈父の名〉であれ、主体が内発的・主体的に〈父の名〉に従属するとき、そこには、その名を担う人物に対する愛情や尊敬や畏敬など人間的な感情が伴われる（後述するように、現代においては、このような形で〈父の名〉に従属することが難しくなっているように思われる）。幼少期、最初に出遭う〈父の名〉は、多くの場合、実父を指し示すシニフィアンであり、それは去勢＝母子分離の役割を果たす。そして実父を指し示すシニフィアンによって、実父の背後の歴史文化共同体へと統合された主体は、その価値観を生きることになる。この幼少期の去勢体験がおそらく、その後に出遭うさまざまな〈父の名〉に従属する上での基礎、原体験となるであろう。

なお、一般的にラカン派の診断論では、神経症を基準にして神経症以外に精神病と倒錯を設けている。(26) 精神病者とは〈父の名〉を排除した主体であり、そのことが将来的に精神病を発病する素地となる。倒錯者とは表面上〈父の名〉による去勢を受け入れた振りをし、実際は去勢を否認して巧妙に法の網目を潜り抜け、自己の享楽を得ようとする主体である。この社会的現実が、神経症者を基準にして構成されている以上、そこからの逸脱のあり方によって、精神病と倒錯が設定されるわけである。〈父の名〉に遭遇し、精神病者になるか倒錯者になるか神経症者になるかの選択は、神経症者を基準にして構成された世界のなかで、内発的・主体的におこなわれる。後期ラカンはこのような診断論の臨床的有効性を決して否定してはいないが、後述するように、このような診断論に執われることなく、精神分析において実現されるべき人間のあり方を探求している。

6. 非本来的自己と本来的自己

象徴界に統合されることによって、主体は内在化された〈他者〉[27]の視点から、自己を含めた世界を見て、自己と他人を同一の平面において勘定できるようになる。[28]このとき自己も他者も一、一個のシニフィアン（名前）、すなわち、勘定されうる「任意の一（*un* un）」として見出される。「任意の一」としての自己とは、多数のなかの一人、なにか役割を果たしているだけの自己、歯車としての自己、非本来的自己である。象徴界を生き、非本来的自己に馴《な》れてしまうと、自己存在の本来性が実感されにくくなってしまう。一方、もし現実界のなかで自己が見出されうるならば、それは勘定されえない、代替不可能の「特定の一（l'un）」であり、本来的自己といえるものである。

ここで注意が必要である。たしかにわれわれは「命のかけがえのなさ」などといい、「みんなちがって、みんないい」（金子みすゞの詩の一節）に共鳴する。一見自己や他者を「特定の一」として見ているようである。しかしなにかを「特定の一」として真に捉えるには、現実界のなかでその現前の神秘を見なければならない。われわれの日常的＝常識的な思考では、「特定の一」はいつの間にか、不当にも勘定されうるものとなってしまう。たとえば、災害報道のニュースキャスターが「ひとりでも多くの命が助かってほしいと思います」と深刻な表情でいうのを聞くことがあるが、この場合、「特定の一」であるはずの〈いのち〉は勘定されうるものとして捉えられてしまっている。すでに述べたように、シニフィアンの本質は差異それ自体にのみある。「みんなちがって、みんないい」が単に象徴界のなかでシニフィアンとなったもの同士の差異をいうものとして受け取られるならば、真の意味での「特定の一」は出遭い損なわれている。

「特定の一」を真に捉えるには、まず現実界のなかで自己自身を「特定の一」として見出さなくてはならない。そのような自己の立場から、はじめて一切の存在は「特定の一」として見られうるのである。では、現実界のなかで自己自身が「特定の一」として見出されるときとは、どのようなときだろうか。それは、自分というものが今ここに存在していることの不思議、その謎、その底知れない神秘に突き当たるとき、あるいは、深く傷つき、自己の「運命」を思うとき、あるいは、自己自身の死を静かに思うときなどである。こうしたときわれわれは日常の言語活動から退歩し、脚下の現実界に向き合おうとする。ラカンはいう、「死の問い、誕生の問いは、実際、シニフィアンの中に解決をもたないふたつの最終のものなのです」[29]。この世界に生まれて来て、この世界から去っていく、この自己とは何か。この問いは、現実界のなかに見出された、底知れない神秘を帯びた自己の存在を問うており、その答えは象徴界のなかをどれだけ探しても見つからない。この問いを真に問うとき、自己がその内に存在する世界もまた、底知れない神秘を帯びている。

ハイデッガーは『存在と時間』において、「現存在」（人間存在）が不安のまっただなかで自己自身の死を覚悟するあり方に、自己存在の本来性を見出した[30]。しかしこのときハイデッガーの考える「死」は、通常われわれが考える「死」――象徴界のなかで意味付けられる「死」――と大差ないものではないかと思われる。通常われわれは、自己の死であれ他者の死であれ、死を漠然と「無になること」と考えている。この場合、「無になる」とはもはや実体として存在しなくなることを意味する。死は、象徴界のなかに見出される実体化された主体（この社会的現実のなかで一定の自己像を見出し、これに執着し、これに同一化し、自己を実体化している主体）との関係性において、実体化されて捉えられる「無」、すなわち、「虚無」にほかならない。辻村公一のいうように、『存在と時間』の時期、ハイデッガーの考える本来的自己は、「最後の執」[31]を残している。それは未だ自己を実体化している。むしろ死に直面するとき、われわれは自己執着・自己実体化を強めるのではないか。現存在が死の不安のなかで見る「無」は、現存在自身の実体性を破壊しようとする暴力的な無、虚無にほかならない。『存在と時間』の著者の考える現存在は、いまだデカルト的主体の実体性を払拭しきれていないと思われる。デカルトによって哲学的な自覚へともたらされた、思考実体としての人間主体との関係性において、世界および世界の内に存在する一切のものは、実体化されて捉えられる。そして存在の否定としての無もまた必然的に実体化される。実体化された無が虚無である。虚無は実体化された世界の背後に隠されることになる。われわれが自己自身の死に直面するとき、その隠されていた虚無があらわとなる。またわれわれにとって人生を無意味に感じさせるのも、この虚無である。

たしかに逃れる術のない自己自身の死に直面するとき、主体は本来的自己と出遭う。しかし「最後の執」は乗り越えられると、筆者は考える。これが乗り越えられたときにこそ、本来的自己はいっそう根源的に捉えられるだろう。このとき主体はもはや死と敵対的関係にあるのではなく、むしろ親和的な関係にあるだろう（この点はⅡ部で論じる）。

7．現代の状況

現代、〈父の名〉は凋落している。主体は自由意志でもって主体的に、〈父の名〉による去勢を受け入れ、〈父の名〉に従属し、〈父の名〉と結びつく歴史文化共同体に入るというよりは、合理性・効率性を重視しつつ複雑化する社会生活が、彼に要求してくるあれこれによって、否応なしに去勢されていく、すなわち、法に従属させられていくのではないか。〈父の名〉による去勢は、その名を担う人物に対しての愛情や尊敬や畏敬など人間的な感情を前提とし、内発的・主体的に、主体（神経症者を志向する主体）によって受け入れられる。そのような去勢を経た主体は、〈父の名〉を媒介して間接的に現実界と繋がり、自己存在の本来性がまだ多少は実感できる。しかし現代の去勢は、もっぱら外部から来て、体制に対する従順を要求する、非人間的・機械的なものである。このような去勢が現代では、ますます優勢となっているのではないか。そのような去勢は、主体にいっそう深刻な痛みを与えるであろうが、主体はその痛みに麻痺させられてしまっている。あるいは、主体はそのような去勢を受け続け、その内部に密かにルサンチマンを醸成している。主体は自己が属すべき歴史文化共同体を喪失する。歴史は単に科学的研究対象あるいは娯楽の対象となる。主体にとって現実界はいっそう疎遠なものとなり、本来的自己の存在感覚をもって生きることが難しくなる。これが現代の状況ではないだろうか。これは、人間的主体の生成過程において鏡像段階以来必然的に起こる疎外の深刻化を意味するものであろう。

　昔、中国に宦官《かんがん》というものがあった。官僚となり裕福な生活がしたいと思う者は、「科挙《かきょ》」と呼ばれる難しい試験に合格しなければならなかったが、富裕になりたいと思う者には、肉体的・物理的去勢を受けて、宦官となり、後宮に仕えるという道もあった。肉体的・物理的去勢は、国家体制への絶対服従を意味する。宦官は、国家体制への絶対服従者として、ある意味国家体制のなかで優遇されたと考えられる。中国史が専門の三田村泰助《たいすけ》は、次のように述べている、「もちろん、かつての宦官のように、肉体的に非人間化されるということは今日では考えられない。しかし私たちは、（中略）組織的人間となって非人間化されていくようである。社会のあらゆる領域に組織の網がはりめぐらされ、人々はさまざまな形でそのなかにあみこまれている。現代の大会社は、一つの町、一つの市にも相当する厖大な人間を傭いこみ、彼らを「科学的管理」のもとに組織化している。人々はもはや組織にとっての部分的存在でしかない」[32]。このように三田村は現代社会における人々の宦官化を示唆している。

このような現代の状況に、序章1で述べた、ハイデッガーのいう「集―立」を見ることができるように思う。「集―立」とは、計算的思考によって、一切のものが用立てられるべく据え置かれ、用立てる本人自身もまた用立てられるものとして据え置かれる、そんな世界構造のことである。現代では、計算的思考が得意になり、器用に生きる術を身につけることが、「自信」となる。逆に計算的思考が乏しいと、自信のない状態に置かれてしまう。現代では、計算的思考が得意で、組織社会を心地よく感じ、体制によく順応できる者が、「勝ち組」となる。「勝ち組」となるためには、外部から来る非人間的・機械的な去勢に身を委ねなくてはならない。こうして主体は現実界との乖離度を強め、ますます本来的自己の存在感覚を得ることが難しくなっていくのではないだろうか。
たしかに現代では「個性」が尊重され、「多様性」（たとえば、ジェンダーの多様性）が重視される。世界の豊かさは多様性にある。しかし多様性とは、単なる差異の多さのことではないと思う。単なる差異は、シニフィアンの組み合わせの違い（たとえば、服装の合わせ方における、「「赤」と「黒」」と「「赤」と「緑」」）によって、象徴界のなかでいくらでも生み出されうる。単なる顔の違いや服装の違いが直接、人間社会の豊かさに繋がるわけではない。単に自分の意見が言えて、さまざまな観点からの他者の意見を聞ける場が、素晴らしいわけではない。多様性とは、もろもろの主体が現実界と繋がり、本来的自己の存在感覚をもち、「特定の一」としての自己を生きているということでなければならない。

このように現代では、〈父の名〉の凋落によって、抑圧がうまく機能しないようになり、神経症構造が作りにくくなっている。抑圧に代わって、心の防衛メカニズムとして活用されるようになったのが、「解離《かいり》」である。解離とは、耐えがたい出来事に出遭ったとき、その時点で、感覚を遮断したり、感情を凍結させたり、意識を消し去ったり、全然関係のない空想に浸ったりといった仕方で、心を守る、心に本来備わった無意識的なメカニズムである。病理化した解離状態として、離人感、健忘、交代人格の生成などがある。病理化した解離状態が日常生活のなかに突然あらわれ、日常生活に支障を及ぼすような事態が、「解離性障害」である。わが国でも児童虐待の問題が深刻化するなかで、被虐待サバイバーの解離性障害が注目されるようになった。

ところで、解離状態のひとつに次のようなものがある。すなわち、そこにおいて本来的自己の存在感覚が不気味なものとして突出してくるという離人感の一種である。これは、デカルト的主体として生きる主体が、実体化された世界の背後に隠された虚無に直面し、その直面において際立つ自己存在の本来性に出遭うという事態であると考えられる。フランツ・カフカの『変身』や安部公房の『壁』などには、こうした事態のリアルな表現を見ることができる。また『存在と時間』のハイデッガーによって見据えられた実存の不安は、まさにそのような解離の状態であるといえる。ハイデッガーによれば、現存在（人間存在）が世界の内のもろもろの存在者に付与した意味は、不安において崩れ去る。不安は現存在を「自分独りだけ《ソウラス・イプセ》」として開示する。(33) ハイデッガーの不安は、主体において突如解離のメカニズムが作動し、主体がもはや象徴界の主体として機能しなくなり、象徴界が馴染みの場ではなくなり、そして顕現する現実界のなかで、もはや何者でもなくなった自己に向き合わされている状態として、捉え直すことができると思われる。この場合、本来的自己の存在感覚は、他者との関係性のなかでは得られていないという点に、大きな問題がある。このような本来的自己の存在感覚は、〈父の名〉が凋落しつつある時代状況のなかで鋭く意識されたものであると思われる。現代においては、この問題はなんの解決もされないまま、人々はこの感覚をなんとか誤魔化し生きている、あるいは、この感覚にもはや麻痺してしまった状態にあるのではないか。現代の課題は、本来的自己の存在感覚を他者や物や世界との繋がりのなかで、醸成していくことである。精神分析が本来的自己の存在感覚の醸成の営みであるならば、現代の精神分析にはこのような課題が担わされているのではないだろうか。

（1）夏目漱石『門』岩波文庫、一九三八年、九頁。
（2）土居健郎『漱石の心的世界 「甘え」による作品分析』弘文堂、一九九四年、六九―七〇頁。
（3）Jacque Lacan, "Fonction et champ de parole et du langage en psychanalyse," in *Écrits* (Paris, Éditions du Seuil, 1966), p. 299. 新宮一成訳『精神分析における話と言語活動の機能と領野』弘文堂、二〇一五年、一〇〇頁。
（4）Jacque Lacan, *Le Séminaire 3*, op., p. 50. 前掲、『上』六三頁。
（5）Jacque Lacan, *Le Séminaire 4: La relation d'objet* (Paris, Éditions du Seui, 1994), p. 233. 小出浩之・鈴木國文・小川豊昭・菅原誠一訳『対象関係 上・下』岩波書店、二〇〇六年、『下』五〇頁。
（6）Jacque Lacan, *Le Séminaire 2*, op., p. 122. 前掲、『上』一六二頁。
（7）Jacque Lacan, "Le stade du miroir comme formateur de la fonction du Je," in *Écrits*, op. 宮本忠雄訳「〈わたし〉の機能を形成するものとしての鏡像段階」（『エクリI』弘文堂、一九七二年）。
（8）Jacque Lacan, *Le Séminaire 1*, op., p. 193. 前掲、『下』一七頁。
（9）op., p. 194. 前掲、『下』一九頁。
（10）ジークムント・フロイト、須藤訓任訳「快原則の彼岸」『フロイト全集17』岩波書店、二〇〇六年、六四頁。

（11） Jacque Lacan, *Le Séminaire 11*, op., p. 60. 前掲、八三頁。

（12） ここからの糸巻き遊び解釈は、拙論「地獄の精神分析（5） 刀葉林と悪見処」（『人間学研究21』、二〇二二年）で述べた。

（13） Jacque Lacan, *Le Séminaire 8*, op., p. 291. 前掲、七二―七三頁。

（14） Jacque Lacan, *Le Séminaire 11*, op., p. 216. 前掲、三二四頁。

（15） 『フロイト全集17』、前掲、六五頁。

（16） Jacque Lacan, "Position de l'inconscient," in *Écrits*, op., p. 848. 佐々木孝次訳「無意識の位置」『エクリⅢ』弘文堂、一九八一年、三七五頁。

（17） ブルース・フィンク、『後期ラカン入門』、前掲、一三二頁以下。

（18） Jacque Lacan, *Le Séminaire 11*, op., p. 169. 前掲、二四六頁。

（19） ブルース・フィンク、『後期ラカン入門』、前掲。

（20） Jacque Lacan, *Le Séminaire 7: L'éthque de la psychanalyse* (Paris, Éditions du Seui, 1986), p. 145. 小出浩之・鈴木國文・保科正章・菅原誠一訳『精神分析の倫理 上・下』岩波書店、二〇〇二年、『上』一八一頁。

（21） op., p. 145ff. 前掲、一八一頁以下。

（22） Jacque Lacan, *Le Séminaire 20*, op., p. 75. 前掲、一四四頁。

（23） Jacque Lacan, *Le Séminaire 4: La relation d'objet*, (Paris, Éditions du Seui, 1994), op., p. 195. 小出浩之・鈴木國文・菅原誠一訳『対象関係 上・下』岩波書店、二〇〇六年、『上』二五二頁。

(24) Jacque Lacan, "Fonction et champ de parole et du langage en psychanalyse," op., p. 278. 前掲、六七―六八頁。

(25) 〈父の名〉が複数あることは、セミネール10（一九六二―六三年）の最終回（七月三日）において言及された（Jacque Lacan, *Le Séminaire 10: L'angoisse* (Paris, Éditions du Seui, 2004). 小出浩之・鈴木國文・菅原誠一・古橋忠晃訳『不安　上・下』岩波書店、二〇一七年）。

(26) ブルース・フィンク、『後期ラカン入門』、前掲。

(27) 〈他者〉の視点をまだ十分にわがものにできていない、去勢前夜の微妙な時期の主体の揺らめきを、的確に描き出してくれている寓話として読むことができる話が、宮澤賢治の童話「ざしき童子《ぼっこ》のはなし」のなかにある。それはこうである。子どもが十人で手を繋いで輪になってぐるぐる回って遊んでいた。ところが、いつの間にか十一人になっていた。増えた一人がざしき童子である。しかしみんな知っている顔ばかり。この話の種をあかせばこうである。輪になる前に人数を数えた子がいて、その子は自分の眼に見えている者だけを数え、自分を勘定にいれてなかった。輪になった状態で自分の隣から数えてみると、ぐるっと回ってきて自分も勘定することになる。

(28) Jacque Lacan, *Le Séminaire 11*, op., p. 129. 前掲、一八五頁。

(29) Jacque Lacan, *Le Séminaire 3*, op., p. 215. 前掲、『下』五六頁。

(30) Martin Heidegger, *Gesamtausgabe 2*, op. 前掲。

(31) 辻村公一『ハイデッガー論攷』創文社、一九七一年、二二頁。

(32) 三田村泰助『宦官　側近政治の構造』中公新書、一九六三年、二一四頁。

(33) Martin Heidegger, *Gesamtausgabe 2*, op., p. 250. 前掲、二八四頁。

第四章　精神分析の目標

1. 心の秘密とありきたりの不幸

フロイトはいう、「分析は最も内密で、最も深奥の秘密として隠されている心的事象へと必ず至る」[1]。抑圧されたものはそのような「秘密」として、自己存在の本来性と本質的に関連していると、筆者は考える。またフロイトは「先生には私の運命や境遇を変えられない」と訴えるヒステリー患者に対して、次のように説明するという、「確かに、あなたの苦しみを取り除くことに関しては、運命の方が私よりも容易くことを運ぶでしょう。それは疑いありません。しかし、あなたはヒステリーのせいで哀れな状態にありますが、それをありきたりの不幸にうまく変えられるなら多くのことが得られるのだと、あなたは確信するでしょう。そして、心の生活を回復させるならば、そのありきたりの不幸から、あなたはもっと上手に身を守れるようになるのです[2]」。「ありきたりの不幸」とは、自分だけではない、みんなそういうことがあると感じられる不幸のこと。もはやそこには「どうして私がこんな目に遭わないといけないの！」という実存の嘆きはない。これはみんなと共に生きる日常性の回復にほかならない。これは、自己が「任意の一」として、この社会的現実に組み込まれていることの自覚の徹底――それはすなわち去勢されていることの再確認である――であると考えられる。

精神分析家の松木邦裕はこのフロイトの言葉に賛同し、「フロイトは、ヒステリーという現実回避の手段ゆえに本来のあり様よりも遥かに錯綜したものになった不幸を「ありきたりの不幸な状態」に変えることが目的であると言う。そして、その不幸に立ち向かえる力を患者がつけることを手助けするのである。（中略）これは苦痛を「排除」したり快の導入で苦痛を「被覆」するのでなく、現実を直視して苦痛にもちこたえる力を高めることである。この方向づけこそが、今日の精神分析が目指すところである(3)」と述べている。しかしながら、本来的自己の存在感覚の醸成なしに、「現実を直視して苦痛にもちこたえる力を高めること」を目標とするならば、精神分析は「任意の一」としての自己の自覚の徹底、去勢の再確認の作業にすぎなくなってしまうのではないか。大事なことは、主体が「最も内密で、最も深奥の秘密として隠されている心的事象」の意識化を通して得られた本来的自己の存在感覚を保持したまま、日常性が回復されるということではないか。この場合、「日常性」とはもはやハイデッガーのいう「頽落《フェアファレン》」の状態（無駄話に明け暮れ、あれやこれやに散漫に好奇心を向け、曖昧に日々を過ごしている状態）、非本来的自己の状態ではない。この場合、主体は日常性を回復しつつ、しかもその日常性のなかで自己存在の本来性を実感しうる。これこそが、精神分析の目標とすべきものではないだろうか。

2. 精神分析における言葉の体験

精神分析作業は「言葉《パロール》」を重視する。ここで「言語《ランガージュ》」と「言葉《パロール》」の区別に触れておこう。ラカンはいう、「言語が機能的になればなるほど、言語は言葉に不適合になってしまうし、われわれにとってあまりに個別的になれば、言語の機能を失ってしまう(4)」。言語は不特定多数の主体によって共有され、物事を合理的・効率的に処理させ、正しい情報をより多く獲得させ、われわれの社会生活をより機能させるために用いられる。一方、言葉は、言語のように機能性を重視して用いられるというよりは、自己存在の本来性の実感を大切にし、深い人間関係を築こうとするときに用いられる。言語がより観念的であるのに対して、言葉はより豊かなイメージを喚起する。言語が機能的になればなるほど、主体はいっそう現実界から乖離してしまう、換言すれば、いっそう自己存在の本来性を失ってしまう。そのような言語はもはや言葉ではない。考えてみると、より機能的な言語と、日常の頽落状態でわれわれが他者と交わす無駄話は、現実界との乖離という点では変わりはない。しかしながら、自己存在の本来性がそこにおいて実感される言葉を性急に求め、言語を個別的・自閉的に用いて、共有される相手がいないならば、その言語は言語の機能そのものを失ってしまう。

ラカンはいう、「主体［患者］は、あなた［分析家］に向かって話すことなく、自分のことを話すか、それとも自分のことを話すことなく、あなたに向かって話すことで、分析をはじめる。主体があなたに対して自分のことを話すことができるようになれば、分析は終わるだろう」(5)。主体は漠然とであれ、自己存在の本来性を取り戻したいと思って、分析に入る。分析のはじまりにおいて主体は、性急に言葉を求め、個別的・自閉的な話し方をするか、そうでなければ、日常的・頽落的な話し方をする。では、このような主体に対して、分析家はどのように機能しなければならないか。「分析家は存在［現実界］との関係性において、自らが機能する水準を見出さなければならない、このことはたしかなことです」(6)。分析家は現実界に開かれ、彼自身が自己存在の本来性に対して自覚的で、象徴界と現実界を分化しつつ繋げ、世界の果てからながめているような、「死んだような」(7)状態となり、主体の話を聞くという仕方で機能しなければならない。このような分析家との関係性において主体の無意識が活性化し、主体は「現実界との接触《アクセ》」(8)へと導かれる。現実界との接触が衝撃的な場合（たとえば、深刻なトラウマ体験の想起）、あるいは、現実界との接触を何度も繰り返した結果、「世界の想像的な黄昏《たそがれ》、終末」、離人症的状態を呈することがある。(9)

主体には「速すぎず遅すぎず話すこと」(10)が求められる。速すぎるならば、現実界に急激に接近してしまうことになり、主体に自己解体の不安を惹き起こすであろうし、遅すぎるならば、主体の言語活動は頽落した散漫なものとなり、いつまでたっても現実界との接触には到らない。話が遅くなりすぎてしまうのは、主体が無意識に向き合うことに対して抵抗を感じる場合もあるし、主体がこの社会的現実に対して適応過剰になってしまっている場合もあるだろう。

ラカンはいう、「分析がその目標として抱くのは、真の言葉の到来と、主体がひとつの未来との自らの関係の中で自らの歴史を実現すること以外にはない」[11]。分析作業において何かとても大事なこと、「特定の一」としての自己の根幹にかかわるような何かが、ようやく言葉になる瞬間、真の言葉が到来する瞬間がある[12]。真の言葉は、分析作業において現実界との接触を繰り返し、本来的自己の存在感覚を取り戻しつつ、主体が言葉を紡いでいくなかで到来する。このとき鮮烈に体験された本来的自己の存在感覚を堅持しつつ、「主体の歴史の再構成[13]」をおこなうこと、これが初期ラカンの考えていた精神分析の目標であるといえる。

3. デカルト的主体

第二章1で見たように、ラカンによれば、デカルト的主体は現実界と出遭い損ない、存在を欠如した主体である。このような主体は、〈父の名〉に従属し去勢されて象徴界に統合されて、はじめて主体性を持つという点で、（デカルトには自覚されなかったが）隷属的なものである。ラカンはこのことを見抜いた上で、それを彼の考える主体として引き継いでいる[14]。精神分析とは、そのような主体がその出遭い損ないの時点に立ち還り、現実界との繋がりを取り戻す作業である。たとえば、あるフロイトの患者は「あなたは夢に出てきたこの人は誰なのかとお尋ねですね。私の母ではあり、り、りませんよ」といった[15]。この発話は主体が無意識的におこなったものである。彼は夢に見た女性を母と直感した（このとき彼は現実界と接触した）が、その直感を抑圧した（こうして彼は現実界と出遭い損なった）。その結果がこの発話である。分析家はその直感の時点へと彼を連れ戻そうとする。

主体は無意識的に欲動に駆動され、享楽（現実界における欲動満足）を求め、現実界に向かうが、現実界と出遭い損なう。そして主体は象徴界のメカニズムに巻き込まれ、そこにおいて自己の欲望を際限なく追い求めていく。それはゼノンの逆説のアキレスに喩えられる[16]。俊足のアキレスは、前方を行く亀を追い越すことはできない。なぜなら、彼が亀のいた地点に到達したとき、亀はどんなに遅くても前進しているから、彼の到達した地点よりも前方にいることになり、このように考えるかぎり、その次もその次も際限なく同様に考えることができるからである。ここで亀は現実界を象徴する[17]。亀への永遠の接近に宿命づけられたアキレスは、現実界と乖離したまま、象徴界のなかで際限なく欲望を追求し続け、いつまで経っても享楽に到達することのできない主体を象徴する。

この際限のなさは、デカルトが『哲学原理』において、「無限《インフィニトゥス》」と峻別した「無際限《インデフィニトゥム》」に相当するだろう。デカルトは前者を神に属するものとし、後者を人間に属するものとした[18]。われわれの想像力を用いた思考は、一定の有限なもの（たとえば有限な空間）を際限なく拡大することができる。しかし、一定の有限なものをどんどん無際限に拡大していく思考の継続において、表象されているものは常に有限である。無際限は無限に到達することは決してない。同様のことが、一定の有限なものをどんどん無際限に縮小していく思考に関してもいえる。そのような思考をどこまで継続しても、表象されるものが無になることは決してない。アキレスと亀との距離が無にならない所以《ゆえん》である。デカルト的主体は欲動に駆動され享楽を求め、現実界へと方向付けられつつも結局は現実界に到達できず、象徴界における欲望の主体として無際限へと嵌《は》まり込んでしまうといえる。ラカンの精神分析とは、このような主体として通常生きている自己を自覚した上で、そのような自己の根底をいわば突き抜け、現実界との接触を果たそうとするものであると考えられる。

4. 幻想の横断

フロイトは精神分析の目標を端的に、「かつてエスがあったところに、自我を成らしめること[19]」と語った。ラカンによれば、この「エス」は現実界であり、この「自我」は、通常考えられる

「自我」(この社会的現実のなかに見出される自己像に同一化して日々を生きている意識的主体)のことではなく、無意識の主体のことである。[20]欲動は本来、現実界に属している。主体の社会生活＝言語活動において、さまざまな抑圧がはたらくのに伴って、それらの抑圧に関連する欲動が制御される。欲動満足(享楽)は制限された形でしか得られない。「かつてエスがあったところに、自我を成らしめる」とは、抑圧されたものの意識化を通して現実界と繋がり、より欲動を生きることのできる主体、すなわち、現実界との接触において見出された、「特定の一」としての自己(本来的自己)の存在感覚を堅持したまま、欲動を生きることのできる主体を実現することであると考えられる。

ところで、去勢されて象徴界を生きる人間主体(神経症的主体)は、実は相当な無理をしている。人間主体は辛い現実の日々を送るなかで、多かれ少なかれ、母子分離に対して何か納得できない気持ちをいだいているにちがいない。普段それに気づかなくても、挫折のときや、自己自身の死に直面するときなどに、そうした気持ちに気づくことがあるだろう。主体が何とか辛い現実の日々を暮らしていくことができるのは、その根底において主体を支える幻想、「根源的幻想」[21]を持っているからである。去勢を経ることで作られる神経症的主体構造とは、その主体の根底が根源的幻想によって支えられる構造である。

では、根源的幻想とはどのようなものか。ここではフィンクによる明解な図式[22]に沿って述べたい。根源的幻想には大別して、ヒステリー者を支えるヒステリーの根源的幻想と、強迫症者を支える強迫症の根源的幻想がある。そして根源的幻想の構成には、対象a（欲望の原因となる失われた現実界的対象であり、失われた享楽を想起させるもの）が、本質的に関与している。ヒステリーの根源的幻想とは、もっぱら自己が〈他者〉の欲望の原因（対象a）となり、〈他者〉の欲望を自己自身が維持していると思う、他者依存的な幻想である。その幻想はa◇Ⱥと表記される（aは対象a、Aは〈他者〉で、そこに引かれた斜線は〈他者〉の欠如＝欲望を意味する）。そもそも欲望とは、何か重大な欠如（対象aの欠如）に気づくことから起こる。ヒステリーの根源的幻想とは、自己を〈他者〉にとっての対象aの位置に据え、自己こそが〈他者〉の欠如を埋め、〈他者〉を完結した存在にできると思う幻想である。ヒステリー者は女性に多く見られるとされる。ヒステリー者は、彼女が愛する〈他者〉が一番愛しているのは自分であるということを、心の奥底では信じて疑わない（本書では論じる余裕はないが、阿弥陀仏に帰依する浄土教信仰は、ヒステリーの根源的幻想を媒介して形成されるのではないかと思われる）[23]。ヒステリー者は〈他者〉の視点から自己を現実界的対象（対象a）として見出すことができる、それゆえに、現実界に属する自己の身体それ自体を用いて症状（感覚機能や運動機能の障害）を作り出すことができると考えられる。強迫症の根源的幻想は、対象aを自己自身に帰属するものとして捉える、自己完結的な幻想である。その幻想はS◇aと表記される（ラカンは去勢された主体を、$\not{S}$というふうに去勢を意味する斜線を引いて提示するが、強迫症の根源的幻想におけるSは、去勢されていない、自己完結的な主体である）。強迫症者は男性に多く見られるとされる。男性が彼の愛する女性を、つい自らの所有物のように思ってしまうことにそれは窺える。強迫症者は現実界的対象（対象a）を所有できると信じる、それゆえに、現実界の問題（特に自己自身の死の問題）を象徴界のなかで自力で扱おうとして扱いきれず、強迫観念、強迫症状を生み出してしまうと考えられる（第八章2で強迫症の根源的幻想と禅の悟りとの関連性について考察する）。

フィンクによれば、ラカンがセミネール11で精神分析の最終目標として考えた「幻想の横断」は、このような根源的幻想の横断のことである。この「横断する《トラヴェルゼ》」には、主体が自己の根源的幻想の自覚を徹底しつつ、現実界へと突き抜けるという意味がこめられていると思われる。ラカンはいう、「根源的幻想を横断した主体は、欲動をどのように生きることができるのでしょうか。これは分析の彼岸であり、これまで誰も取り組んだことがなかったことです(24)」。この発言には、従来の精神分析において「誰も取り組んだことがなかった」新たな局面に到達したラカンの自負が窺われる。幻想の横断を成し遂げた主体は、もはや幻想によってその根底を支えられつつ、象徴界を辛抱して生きる主体ではない。そのような主体は、言語による束縛、特定の歴史文化共同体のルール（たとえば、ジェンダー規範）による束縛を受けることなく、自由な精神をもって自己の欲動を生きることができる。精神分析とは、さまざまな抑圧されたものを意識化し、本来的自己の存在感覚を醸成していく作業であると考えられるが、幻想の横断はこうした作業を通して達成されていくと思われる。

5．ボロメオ結び

象徴界と想像界と現実界の三つの次元を分化させ、これらの統合された地平――そこにおいて現実界は覆い隠されているが――を生きる主体が、通常の人間的主体（神経症的主体）である。七〇年代後期になるとラカンは、象徴界と想像界と現実界の三つの次元の結合を、ボロメオ結び（一つの輪が切断されると、すべての輪がバラバラになってしまう結び方。図1）として提示するようになる。その議論の大筋はこうである[25]。

ラカンによれば、実際は象徴界と想像界と現実界の三つの輪だけではばらばらであり、〈父の名〉が第四として加わることによって、はじめてそれらはボロメオ結びで結ばれることになるという（図2）。〈父の名〉とは、子どもが母との関係性のなかで見出すシニフィアンであり、その子を母との密着から引き離し（去勢し）、象徴界を現実界から分化させた上で、象徴界へと統合させ社会化する機能を担う特別なシニフィアンのことであり、前期ラカンによって見出されたものである（第三章5参照）。神経症者は〈父の名〉への従属という戦略を用いて、象徴界と想像界と現実界の統合を生きている。主体は〈父の名〉に従属し、これら三つの次元の統合を生きることで、その名を担う人物の背後の歴史文化共同体を生きる。このような〈父の名〉は、後期ラカンの思索の視圏のなかで、象徴界と想像界と現実界をボロメオ結びで結ぶ第四として捉え直されつつ、受け継がれる。

ところで、〈父の名〉による去勢以前の主体において、象徴界と現実界は完全には分化していない（第三章3参照）。このような主体はまた、その自己執着・自己実体性が外部の〈他者〉によって——主体に注がれる〈他者〉の眼差しや主体に呼びかける〈他者〉の声などによって——、

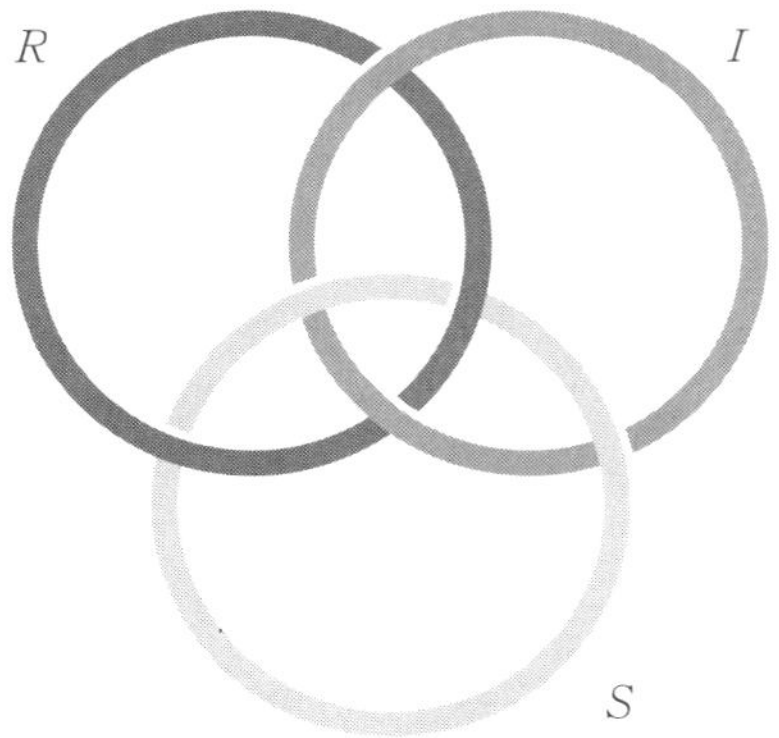

図1　ボロメオ結び（*S*：象徴界、*I*：想像界、*R*：現実界）[26]

支えられている（第三章5参照）。このような主体にとって象徴界＝現実界と想像界を自己という場に集め密着させているものは、外部の〈他者〉によって支えられる自己執着であると思われる。神経症者においてはその後、〈父の名〉によってボロメオ結びが作られるわけであるが、このとき外部の〈他者〉によって支えられていた自己執着はそれ以降も、〈父の名〉の背後で、象徴界と想像界と現実界を自己という場に集め密着させる力としてはたらき続けるように思われる（第十章1参照）。

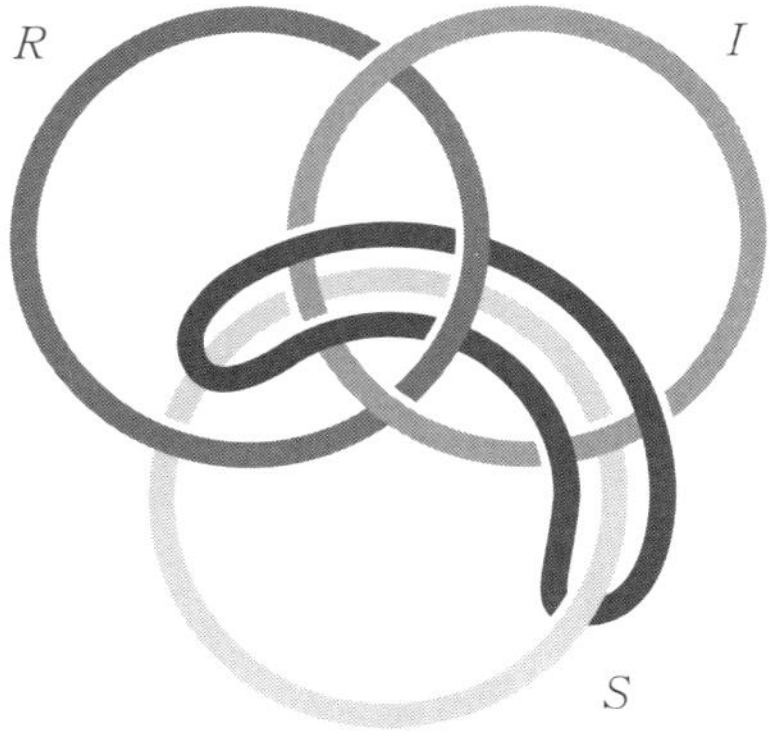

図2　第四の加わったボロメオ結び(27)

ボロメオ結びを用いてラカンが提起する、精神分析の最終目標はこうである。〈父の名〉を解除し、ボロメオ結びを一旦解体し、そうしておよそ〈父の名〉への従属という戦略を放棄し、主体自身が象徴界と想像界と現実界をボロメオ結びで結ぶ新たな第四となること、これである。それはどのように達成されるだろうか。それは「サントーム」との同一化によって達成される。「サントーム」とは「症状《サンプトーム》」の古語である。ラカンはこの語をどのような意味で用いたか。夢や症状は無意識の主体によって、現実界との繋がりのなかで構成される。分析作業において夢や症状と向き合い、自己を徹底的に見据えていくと、そこには主体自身の動かしがたい「特異性《サンギュラリテ》」が見えてくる。このように分析作業を通してあきらかとなってくる主体自身の特異性を、ラカンは「サントーム」と呼んだ。それは、分析作業によって自己がそこへと還元されるひとつの症状、そこにおいて自己存在の本来性の実感されるひとつの症状、あるいは、ひとつの症状としての本来的自己であるといえる。サントームと同一化することによって、主体は〈父の名〉に代わって自己自身が、象徴界と想像界と現実界をボロメオ結びで結ぶ第四となることができる。

ラカンは、ジェイムズ・ジョイスの巧妙な言葉遊びの愉悦に満ちた小説、前代未聞の奇書『フィネガンズ・ウェイク』を、サントームの範例として取り上げている[28]。ラカンによれば、ジョイスは〈父の名〉を排除した精神病的構造の持ち主である。その構造において象徴界は現実界と癒着した状態にあり、想像界は繋がれていない[29]。彼の創作行為は象徴界＝現実界と想像界とをボロメオ結びで結び、その不安定な構造を補塡《ほてん》する役割を果たしていた（図3）。この点に着目してラカンは、一般的に神経症者においても、〈父の名〉以外に象徴界と想像界と現実界をボロメオ結びで結ぶ第四があると考え、それを「サントーム」の名で呼んだのである。

後期ラカンのこのような考え方は、セミネール11で提起された「幻想の横断」をさらに推し進めた考え方にほかならない。このような局面に達することで、「フロイトに還れ」と主張して実践と思索の道に出たラカンは、遂に「フロイト」という〈父の名〉への従属から自己自身を解放したといえる。サントームが充分たしかなものになっていけば、そのとき主体ははじめて〈父の名〉への従属・隷属から自己を解放し、サントームに同一化し、主体自身の特異性を生きていくことができる。

サントームと同一化してこれを主体的に生きる主体は、もはや現実界と乖離した主体ではない。象徴界と想像界と現実界の統合を「特定の一」としての自己（本来的自己）として生きることに徹することができる。このような主体はもはやいかなる〈父の名〉にも従属せず、特定の歴史文化共同体の価値観に縛られず、自由な精神をもって物事を思考できる。これは真の意味で主体性を獲得した主体である。夢や症状を通して現実界との接触体験を繰り返すことによって、本来的自己の存在感覚が醸成されていくなかで、このような主体はしだいに実現されていくと考えられる。

もともとラカンは現実界に自覚的に観点を据え、そこから象徴界における人間主体を捉えようとしたが、そこで彼が見出したものは、人間主体の象徴界への隷属性であった。後期ラカンは、主体自身が象徴界と想像界と現実界をボロメオ結びで結ぶ第四となるという考えに到達することで、主体がこの隷属性から解放される道を明確に提示しえたといえる。このような道においてわれわれは、自身がそこで生きるべき特定の歴史文化共同体を主体的に摑み取ることが可能となるだろう。

ラカンはいう、「精神分析はその成功でもって、〈父の名〉もまたうまく通過されうるということを立証します。ひとはそれを使用するという条件で、それもまたうまく通過しうるのです[30]」。精神分析によって〈父の名〉の通過《ワークスルー》、すなわち、われわれが〈父の名〉への従属・隷属から自己を解放しうると、ラカンは主張する。ここで注意すべきことは、〈父の名〉を通過《ワークスルー》し、主体自身が象徴界と想像界と現実界をボロメオ結びで結ぶ第四となることは、いかなる歴史文化共同体にも自己の居場所をなくしてしまうということでは決してない、ということである。むしろ本来的自己の存在感覚にぴったりくる、さまざまな歴史文化共同体を心の赴くままに、自由に行き来できる。ジョイスは『フィネガンズ・ウェイク』において、古今東西の言語（六十余りの言語が確認されている）を素材とし、それらを自由自在に合成し、珍妙奇天烈《きてれつ》な語を生み出し、享楽に充ちた言語宇宙を生み出した[31]。たしかにジョイスの例はきわめて特異的であるが、こうは考えられないだろうか。〈父の名〉に代わって自己自身がボロメオ結びの第四となった主体は、さまざまな歴史文化を自己自身の歴史文化として、本来的自己の存在感覚をもって生きることができると（ここに宗教多元主義あるいは世界平和の実現へのヒントがあるかもしれない）。

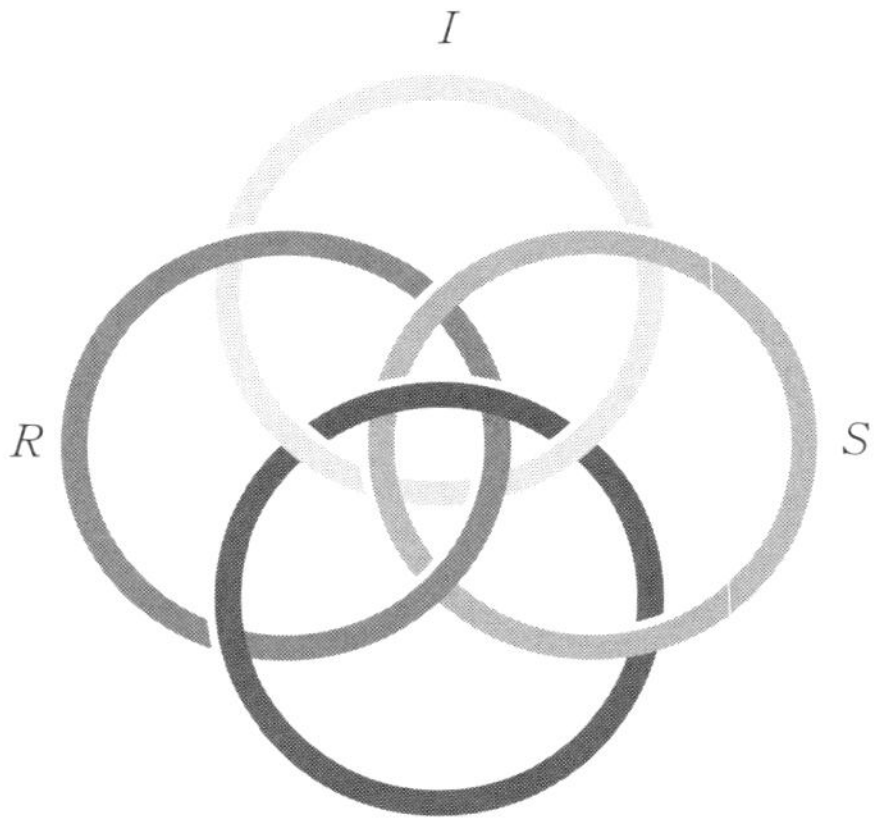

図3　精神病者におけるサントームの加わったボロメオ結び(32)

先に述べたように、現代においては、主体は〈父の名〉によって去勢され、それと結びつく歴史文化共同体に統合されるというよりは、複雑化する社会が要求してくるあれこれによって、否応なく非人間的・機械的に去勢されていくように思われる。このような去勢はたしかに象徴界の分化を促し、主体を象徴界に統合するが、この場合、象徴界と想像界と現実界をボロメオ結びで結ぶ第四はなく、それら三次元はいっそう強化された自己執着によって自己という場に集められ密着させられている状態にあるのではないか。疎外はいっそう深刻化し、人間主体は不安定な状態にある。現代は危機的状況にある。しかし危機はチャンスをはらんでいる。日々の生活のなかで虚無感（無意味感）や空虚感（存在感覚の稀薄さ）をいだきつつ、自己存在の本来性の欠如を問題として感じるとき、すでに自己存在の本来性の探求ははじまっている。今、虚しく機械的な去勢を受け入れるあり方を脱し、サントームを見出し、それとの同一化によって自己存在の本来性を生きることが、人間らしく生きるために求められているのではないか。後期ラカンの到達点は、たしかに西洋精神史における新たな局面を拓き、新たな人間の生き方を提起するものであるといってよい。

しかしながら、ラカンのいうサントームとの同一化は、はたして自己執着・自己実体化の問題（そして、それと本質的に連関する苦の問題）を十分に解決してくれるだろうかという疑問が残る。というのも、同一化というかぎり、同一化されるもの（サントーム）に対して執着が起こり、自己実体化が起こりうるからである。サントームと同一化して生きることは、主体が「特定の一」としての自己の死を迎え、それとの同一化の解除を余儀なくされ、それを手放すことになっても悔いはない、そのようなものへと徹底される必要があるのではないか。では、その徹底はどのようにおこなったらよいのか。禅に学ぶべき点が、まさにこのサントームの徹底というところにあるように思われる。

（1）ジークムント・フロイト、芝伸太郎訳「ヒステリー研究」（『フロイト全集2』岩波書店、二〇〇八年）、三三八頁。
（2）前掲、三九〇頁。
（3）松木邦裕『こころに出会う』創元社、二〇一六年、六一―六二頁。
（4）Jacque Lacan, "Fonction et champ de parole et du langage en psychanalyse," op., pp. 298-299. 前掲、九九頁。
（5）Jacque Lacan, "Introduction au commentaire de Jean Hyppolite sur la《Verneinung》de Freud," in *Écrits* (Paris, Éditions du Seuil, 1966), p. 373. 佐々木孝次訳「フロイトの《否定》(Verneinung) に関するジャン・イポリットの評釈にむける序言」(『エクリⅡ』弘文堂、一九七七年、八二頁。
（6）Jacque Lacan, "La direction de la cure et les principes de son pouvoir," in *Écrits* (Paris, Éditions du Seuil, 1966), p. 615. 海老原英彦訳「治療の指導とその能力の諸原則」(『エクリⅢ』弘文堂、一九八一年)、四四頁。
（7）Jacque Lacan, *Le Séminaire 3*, op., p. 182. 前掲、五頁。

（8）Jacque Lacan, *Le Séminaire 4*, op., p. 233. 前掲、『下』五〇頁。

（9）Jacque Lacan, *Le Séminaire 1*, op., p. 258. 前掲、『下』一一五頁。

（10）op.,p.9. 前掲、『上』七頁。

（11）Jacque Lacan, "Fonction et champ de parole et du langage en psychanalyse," op., p. 302. 前掲、一〇三頁。

（12）筆者の臨床経験からその瞬間の一例を述べる。ある摂食障害の女性は、「祖母が亡くなって以後、私は一度も食べ物をおいしいと思ったことがない」といって、とめどなく涙を流した。幼い頃、祖母が作ってくれる料理には、忙しく働く母が充分に与えてくれない愛情が入っていると、彼女には感じられていた。だからこそ、その料理は「おいしかった」。祖母の突然の死は彼女にとって、食べ物を通して体験されていた母性を剝奪される出来事であったと考えられる。

（13）Jacque Lacan, *Le Séminaire 1*, op., p.20. 前掲、『上』二一頁。

（14）Jacque Lacan, *Le Séminaire 11*, op., p. 116. 前掲、一六六頁。

（15）ジークムント・フロイト、石田雄一訳「否定」『フロイト全集19』岩波書店、二〇一〇年、三頁。

（16）Jacque Lacan, *Le Séminaire 5: Les formations de l'inconscient* (Paris, Éditions du Seui, 1998), p. 122. 佐々木孝次・原和之・川崎惣一訳『無意識の形成物　上・下』岩波書店、二〇〇五年、『上』一七八―一七九頁。

（17）セミネール20（Jacque Lacan, *Le Séminaire 20*, op., p. 13. 前掲、一七頁）でラカンは、このアキレスと亀の話において、男女の性関係がそもそも存在しないという真理を見出している。つまり、男にとって女は彼の享楽の源泉であり、彼は彼女に向かうことによって現実界に向かうが、そこに到達し享楽を得ることは決してない。

（18）ルネ・デカルト、山田弘明・吉田健太郎・久保田進一・岩佐宣明訳『哲学原理』ちくま学芸文庫、二〇〇九年、一四三頁。

（19）ジークムント・フロイト、道籏泰三訳「続・精神分析入門講義」『フロイト全集21』岩波書店、二〇一一年、一〇四頁

（20）Jacque Lacan, *Le Séminaire 11*, op., p. 45. 前掲、五九頁。

（21）op., p. 246. 前掲、三六八頁。

（22）ブルース・フィンク『ラカン派精神分析入門　理論と技法』、前掲。

（23）拙論「女人往生の精神分析　『平家物語』の祇王をめぐって」（『人間学研究15』、二〇一六年）参照。

（24）Jacque Lacan, *Le Séminaire 11*, op., p. 246. 前掲、三六八頁。

（25）この議論は「セミネール23」で展開された。なお、このセミネールの読解にあたっては、主にPaul Moncayo, *Lalangue, Sinthome, Jouissance, and Nomination: A Reading Companion and Commentary on Lacan's Seminar XXIII on Sinthome* (London, Karnac, 2017), Colette Soler, *Lacan, lecteur de Joyce, 2ᵉ édition augmentee* (Paris, Presses Universitaires de France, 2018) を参照した。

（26）Paul Moncayo, *Lalangue, Sinthome, Jouissance, and Nomination, op.* より転載。

（27）*op.* より転載。

（28）ジョイスの父は塩と石灰の製造業者であったが、一八九一年（ジョイス九歳）、破産宣告を受け、酒浸りとなり、一家は貧困への道を辿る。ラカンはいう「彼［父］は彼［ジョイス］に何も教えなかったばかりか、ほとんどすべてのことを放っておいた、イエズス会のよき神父たち、世渡り上手な教

会に託す以外は」(Jacque Lacan, *Le Séminaire 23*, op., p. 88)。ラカンがジョイスの父は「根本的に無能力だった」(op., p. 94) というとき、ジョイスにとって実父の名が、主体を象徴界に統合させる〈父の名〉の機能を果しえなかったことを含意するだろう。ジョイスの自伝的小説『若い芸術家の肖像』(一九一六年) では、「生徒からにしろ先生からにしろ、父のことにすこしでも触れられると、彼の落ちつきはたちまち乱されてしまう」(大澤正佳訳、岩波文庫、二〇〇七年、一四三頁) と語られている。このような反応は、彼が〈父の名〉を排除していることの指標であろう。彼にとって〈父の名〉との直面は、自身が〈父の名〉を欠き、したがって、象徴界＝現実界と想像界がボロメオ結びで結び合わされていない不安定な状態にあることを暴き立てるため、彼を混乱させたと考えられる。

(29) 『若い芸術家の肖像』に描かれた、ジョイスの第六級生徒の頃のある体験に、ラカンは着目する (Jacque Lacan, *Le Séminaire 23*, op. pp. 148-149)。その小説の主人公スティーヴンは道で、三人の級友に絡まれ、暴行を受けた後、泣きながら帰る途中、「まるでやわらかに熟した果物の皮がくるりとむけるように、なにかの力で、あの突然からみついた怒りがあっさりはぎとられてしまうのを感じたのだった」(大澤正佳訳、前掲、一五四頁) という奇妙な体験をする。ラカンはこの「果物の皮」において身体像の隠喩を見る。ジョイスにとって身体像の属する想像界は離脱しやすい状態にあり、それゆえ、耐えがたい怒りに際して、想像界の離脱＝身体像の脱落が生じ、それに伴って怒りが脱落するという仕方で、防衛反応が起こったと考えられる。なお、このジョイスの体験は、道元の身心脱落を想起させる (第十章参照)。

(30) Jacque Lacan, *Le Séminaire 23: Sinthome* (Paris, Éditions du Seui, 2005), p. 136.

(31) 宮田恭子編訳『抄訳フィネガンズ・ウェイク』(集英社、二〇〇四年) 参照。

（32） Paul Moncayo, *Lalangue, Sinthome, Jouissance, and Nomination, op.* より転載。

Ⅱ部

第五章　絶対無

1. 禅の歴史と〈父の名〉

禅は大乗仏教の系譜に属し、実質的には唐宋時代、中国の精神風土の中で成立したものである。禅の「歴史」を綴った書物としては、『祖堂集《そどうしゅう》』（九五二年成立）や『景徳伝灯録《けいとくでんとうろく》』（一〇〇四年成立）がよく知られている。それらの編纂態度は、概《おおむ》ね史料に基づく実証的精神に貫かれつつも、伝説伝承もまた取り込んで実証的に確定された事実と併記し、一つの宗派の歴史、禅者のアイデンティティを支える歴史を打ち立てていこうとするものである。禅の歴史を構成していく作業は、同時に禅の本質を構成していく作業であった。歴代の禅者の言動によって禅の歴史は形成される。逆にその歴史の全体性のなかで、歴代の禅者の言動は「禅的なもの」として、その生命が保持されうる。たとえば、趙州《じょうしゅう》は「犬に仏性《ぶっしょう》はあるか」と問われ、「無」と答えたが、この「無」の語は、禅の歴史の全体性のなかに置かれるとき、はじめて禅的なもの、禅の境地を意味するものとなる。

禅の歴史によれば、霊鷲山《りょうじゅせん》における説法で、釈迦が華を拈《ひね》って黙って衆《しゅ》に示したとき、ひとり迦葉尊者《かしょうそんじゃ》だけが釈迦の真意を会得し、破顔微笑《はがんみしょう》した。このとき釈迦から迦葉に付嘱《ふしょく》されたのが、禅の教えである。以来、教外別伝以心伝心《きょうげべつでんいしんでんしん》（経典に依らず、心から心へ）という形で、インドで脈々と受け継がれ、そして第二十八祖である菩提達磨《ぼだいだるま》によって中国に伝えられ、中国の地でも分派を生み出しながら、脈々と受け継がれてきたとされる。

大乗仏教思想は空《くう》の論理と慈悲の精神によって支えられる。空の論理は、「色即是空《しきそくぜくう》・空即是色《くうそくぜしき》」という言い方によって端的に表明される。これは、物質的存在（「色」）の実体性を否定する論理であり、高度な瞑想によって透見されたものである。禅は、このような空の論理が中国的な精神風土のなかで受容され育まれたものであり、主に坐禅と問答《もんどう》を通して、空の論理を端的に自己の身心《しんじん》において、体験的に会得しようとするものである。禅の歴史のなかで慈悲はあまり前面に出ることはなかったようだが、わが国の江戸時代中期の白隠《はくいん》禅師に到って、禅ははっきりと慈悲に目醒め、大乗仏教思想としての全体性を実現したのではないかと思われる（この点は第十一章で論じる）。

禅者はたしかに自己自身を恃《たの》み、悟りを開こうとする。しかし禅宗という宗派に帰属する者として、彼らは〈父の名〉——彼らにとってそれは「仏祖」の名、すなわち、釈迦、達磨そして歴代の禅匠の名である——を特権的な位置に据え、それに従属する（帰依する）。しかし禅者における〈父の名〉との関係性はきわめて特異的である。禅者は「仏祖」の名への帰依を表明する一方で、その名への執われを徹底して打破しようとする。臨済は「仏は是れ名句なり(1)（「仏」とは名前にすぎない）」とズバリいう。雲門文偃《うんもんぶんえん》（八六四—九四九）は「如何《いか》なるか是れ仏」と問われたとき、一言「乾屎橛《かんしけつ》（乾いた棒状の糞便）」と答えた(2)。「仏」という名に執われているならば、そこに禅の境地など微塵もない、単なる乾いた糞便の棒とかわらないということを、雲門は教えている（「乾屎橛」の精神分析的な意味については、第八章2で述べる）。また玄沙《げんしゃ》の語「達磨は唐土に来たらず(3)」のように、禅の歴史を否定する言説も可能である。

また禅には「仏向上《ぶつこうじょう》（仏の境地を更に超えて行くこと）」という考え方がある。直接の師に対する禅者のかぎりない尊敬と感謝の念は、〈父の名〉としてのその師の名——その背後には釈迦以来の祖師の名が連なっている——への従属の拒絶と、逆説的《パラドキシカル》に連動する。洞山《とうざん》はいう、「若《も》し全《すべ》て肯《うべな》わば、即ち先師《せんし》に辜負《こふ》せん(4)（もし先師をすべて肯定してしまったら、先師に背くことになる）」（『景徳伝灯録』巻十五）。師のコピーになるのではなく、自己の特異性において師の境地を受け取り直すことによってその境地を継承していくことができてはじめて、師の恩に報いることになる。禅の歴史へと主体が真に自己を統合させるためには、仏祖の名であれ師の名であれ、およそ〈父の名〉への従属を脱し、絶対的に自由で独立した主体とならねばならないという逆説《パラドックス》が、禅にはある。通常、〈父の名〉に従属し、歴史文化共同体へと自己を統合させることで主体は、その共同体に含まれる宗教や芸術を通して、間接的に自己と現実界との繫がりを持つことができる（第三章5参照）。しかし禅の歴史に真に自己を統合させるためには、主体は直接的・自覚的に自己と現実界との繫がりを達成しなければならない。禅の歴史はこのような主体によって作られる[5]。

禅においておよそ〈父の名〉への従属を脱し、絶対的に自由で独立した主体となるとは、後期ラカンが精神分析の最終目標と考えた、主体自身が象徴界と想像界と現実界をボロメオ結びで結ぶ第四となり、その上で〈父の名〉としての仏祖の名を主体的に自由自在に用いるあり方を実現することであると思われる。およそ〈父の名〉への従属の基本は、幼少期以来の実父の名への従属である。玄沙師備《げんしゃしび》（八三五―九〇八）はしばしば自らの実父に言及する点で、注目に値する。たとえば、玄沙は「如何なるか是れ学人本生《がくにんほんしょう》の父母《ぶも》（私がそこに由来する本来の父母とは、どういうものですか）」と問われたとき、「我れは是れ釣魚《ちょうぎょ》の謝三郎《しゃさぶろう》（私は漁師の息子の謝三郎だ）」と、出家する前の自己のアイデンティティを語るという仕方で応答した[6]。ここで玄沙は、かつて従属していた〈父の名〉（漁師であった俗世の父の名）から解放された現在の境地を、その名を主体的に用いることができることを示すことによって、提示していると考えられる。また玄沙は「如何なるか是れ説法して其の形の無き（姿がなく、仏法を説いている者とは、どのようなものですか）」と問われたとき、「你《なんじ》の爺《ちち》は名は什麼《なん》ぞ（お前の父の名はなんていう）」と応答した。(7) ここでは玄沙は逆に相手に、主体的に〈父の名〉を用いさせ、〈父の名〉への従属から解放された境地に気づかせようとしていると考えられる。

およそ〈父の名〉への従属からの自己解放を目指す点で、禅は後期ラカンが考えた精神分析と方向性を共にする。そして禅は、ある意味、ラカン以上に脚下の現実界の真相に通じていると思われる。以下、このような禅の本質を浮き彫りにしたい。

2．性起と還滅

禅者によって体験的に会得された空《くう》が、趙州《じょうしゅう》の「無」であり、「絶対無」である。「絶対無」は西田幾多郎の哲学の根本語である。西田哲学は禅の哲学化という側面をもつ。「絶対無」は西田以来の京都学派の哲学者の根本語となった。本書もこの語を根本語として考察を進めていきたい。

西谷啓治は絶対無を次のように考える。今ここになにかが存在するとは、今ここになにかが性《しょう》起《き》する（現れ出る）ということである。性起は今この瞬間、絶対の静か、ら起こる。性起は絶対の静へ、の還滅《かんめつ》（消え去り）と同時に一瞬に起こる。西谷によれば、絶対無とは渦巻きのようなものであり、（一）渦巻きの中心から来る螺旋《らせん》状の動き、性起と、渦巻きの中心へと向かう螺旋状の動き、還滅との一体となった動性のことであり、(二) それらの動きを統《す》べている中心、絶対の静のことである(8)(図4参照)。絶対無は禅僧の描く「一円相《いちえんそう》」によって端的に表現されるだろう。ぐるっと円を描く動きは性起と還滅の一体的動性を示しており、その円で囲まれた空隙は絶対の静を示す。

絶対の静とは、主体自身にとっては「涅槃」に相当するが、もちろんここでは「生死即涅槃」を説く大乗仏教の観点で、主体が存在するその一瞬一瞬においてそれは見られている(9)。それは坐禅において体験される、しだいに顕現して来る死のような静謐さであり、これに自己を徹底することが「大死《だいし》」である(本章4参照)。「絶対無」という言い方は、絶対無における否定的動性である還滅に着目した言い方である。性起と還滅の一体的動性としての絶対無の動性は、有無の二元論を否定し、二元論的思考、すなわち言語活動一般(二元論的に構造化され、同一律と矛盾律の支配する象徴界における活動)を根本的に否定するものである。

絶対無の一瞬一瞬の動性こそが、存在の根源相である。このように存在の根源相が見られるとき、そこでは必然的に時間もまたその根源相において見られていることに注意したい。このとき体験される時間は、通常の時間表象、すなわち、過去から未来への途切れることのない「流れ」として線的に表象され、その内で存在が実体として見られる、そのような時間表象ではない。この点をもっとも先鋭化して主題化したのが、道元であると思われる(第十章で詳述する)。

こうした存在の根源相は、ラカンのいう現実界を徹底的に見据えることによってはじめて見られうるものであると思われる。ラカンは「現実界には裂け目がない[10]」と述べ、現実界を無分別の次元として捉えるところまでは行ったが、そこにおいて存在の根源相を十分に見極めるまでには行かなかったというのが、筆者の見解である。

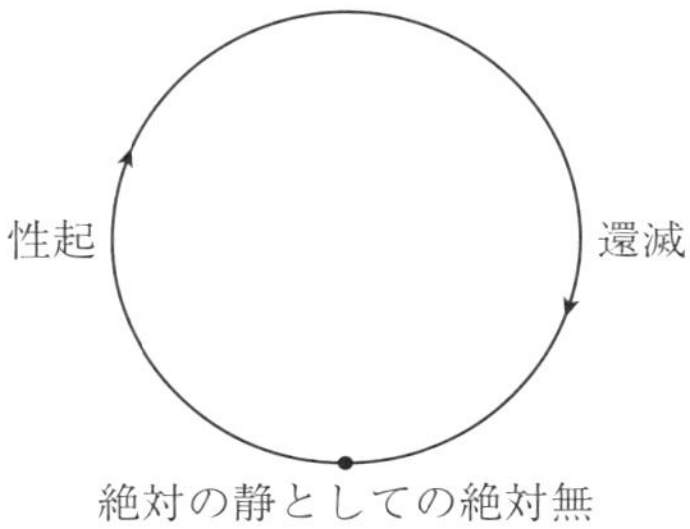

図4　絶対無

ここで第一章3で取り上げた、フロイトの有名な症例「狼男」が四歳のときに見た白い狼（大きな胡桃の木に六、七匹止まって、こちらを凝視していた）の夢を、再び見てみたい。これは、彼が一歳六ヵ月の頃、ふと目を覚まして目撃した「原光景」の記憶が想起され、夢の形になったものである。狼男の次の発言に注目したい。「夢のなかでの唯一の動きは、窓が開いたことだけでした。狼どもは、じっと身じろぎもしないで、木の幹の左右の大枝に止まったまま、私のほうに目を凝らしていたからです。狼どもは、あらんかぎりの注意を私に向けていたといったような感じでした」(11)。フロイトによれば、「窓が開く」は、眠っていた一歳六ヵ月の主体の「目が開く」を意味する。彼の目は眼前の光景に釘付けになった。狼の凝視は実は彼自身の凝視を意味する。では、この夢全体の静止状態は何を意味するか。フロイトは、夢は静止によってその逆の事柄、すなわち、性交の「激しい運動」を表現していると、些《いささ》か無理な解釈をしているが(12)、次のように考えられないだろうか。極度の精神集中によって、世界性起の動きは止まって見える。一歳六ヵ月の狼男には、彼が見た光景が止まって見えた。通常、世界の性起において絶対の静は、性起する世界の背後に隠されるが、極度の精神集中によって見られる世界性起の静止には、絶対の静が立ちあらわれる。四歳の狼男の無意識は、かつて静止して見えた場面を加工しつつ再現し、そこに絶対の静の顕現を見ていたと考えられないだろうか。

3. 迷いと悟り

一切の存在、自己も他者も物も、絶対の静としての絶対無から性起する。一切の存在は絶対の静を媒介して、礙《さまた》げ合うことなく、親密に繋がり合い、一体となって性起する。こうして世界が性起する。これが華厳思想でいう「事事無礙《じじむげ》（一切の存在が礙げ合うことなく存在すること）」であり、「挙体性起《こたいしょうき》（一切の存在が同時に一体となって性起すること）」である。これは世界大の絶対無の動性のことにほかならない。人間的主体は、根源的に見られるならば、一瞬一瞬の性起の動性において、言語活動の主体としての自己の生成過程を一から繰り返している。しかし主体は、自己性起を想像界において捉え（自己像として捉え）、それをシニフィエとして担うシニフィアン（自己の名）を見出す。主体は自己の名によって担われる自己像に執着し、これを実体化する。そして主体は他者や物そして世界のそれぞれの性起もまた想像界において捉え、それぞれのイメージをシニフィエとして担うシニフィアンを用いて、それらに関わる。それらのイメージは実体化された自己との関連性において、実体化される。こうして一切の存在は実体化され、実体化された存在どうしの差別が生じる（図5参照）。また実体化された世界のなかで実体化された存在が見られる。

乳幼児期の心理に関して、「対象恒常性の確立」ということがいわれる。乳幼児にとって、母親が自らの眼前からいなくなるのは不安なことであるが、そのとき母は存在しなくなったわけではなく、また自らの眼前に戻って来るというふうに、母親の実体性を理解できるようになることが、「対象恒常性の確立」である。つまり、これはわれわれと同様、実体化する思考ができるようになった、ということである。第三章3で取り上げた、一歳六ヵ月男児の糸巻き遊びは、対象恒常性の確立のための試みとして解釈されることがある。しかし、すでに述べたように、そこにおいて着目すべきことは、対象a（母の乳房）＝自己の「無」に直面し、自己実体化が危機にさらされ、まさにその危機から言語活動の端緒が開かれ、言語活動を通して自己実体化を取り戻す道が開かれる、ということである。

日常的な実体化する思考を支え、維持するものが、「煩悩《ぼんのう》」であると思われる。煩悩には貪《とん》・

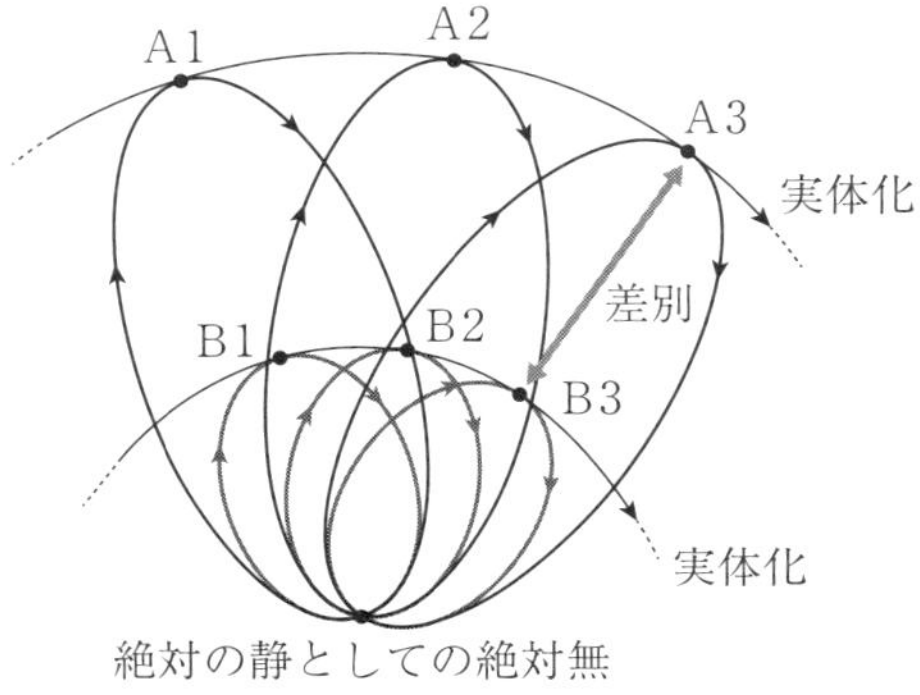

図5　絶対無としての存在と実体化された存在

瞋《じん》・痴《ち》の三種がある。貪とは、精神分析的概念の「欲動」に相当するだろう。欲動に駆動され、言語を用いて活動する主体は、ある程度の欲動満足（享楽）を繰り返し体験する。そしてそのような体験の主体としての自己に対して執着し、自己実体化を維持する。瞋は、欲動満足を妨げられるときに生じる反応、怒りである。瞋は主体がこれまである程度の欲動満足を繰り返し得てきた体験から、自己を欲動満足の得られるべき存在とみなし、そのような自己に執着し実体化することから来る。痴とは、欲動に盲目的に動かされつつ、自己実体化という誤謬をしてしまっていることに対する無知である。痴は「無明《むみょう》」とも呼ばれ、根本煩悩とされる。人間の傲慢《ごうまん》、そして人間の一切の苦しみは、煩悩に支えられる自己実体化から生じる。自己実体化は必然的に実体化された無、虚無を生み出す。主体は虚無としての死を不安に思い、虚無によって人生を無意味に感じさせられる（第三章6参照）。大乗仏教は、存在の根源相（一瞬一瞬の性起と還滅の一体的動性）を洞察した智の立場で、煩悩に支えられ実体化する思考を「迷妄」とみなし、苦からの解放を説くものである。

　禅における悟りとは、煩悩による自己実体化を脱し、自己の性起を自己の性起として主体的に見る体験のことであり、「見性《けんしょう》」と呼ばれることもある。これは世界大の絶対無の動性のなかで、自己を絶対無の動性として自覚することである。このとき本来的自己の存在感覚が最大限に高騰する瞬間が体験される。これが禅の悟りではないか。また、一瞬一瞬の絶対の静からの自己性起は、人間的主体＝言語活動の主体の生成過程（第三章参照）を一瞬一瞬辿り直すということであるから、悟りを開いた禅者は、その生成過程を自覚的に生き直しつつ、言語活動を根源的に捉えることができる（第九章参照）。歴代の偉大な禅者の体験は、たしかに筆者のように凡庸な者には及びがたいものである。しかしたとえわれわれが、彼らのように本来的自己の存在感覚の最大限の高騰を体験することはないにしても、希釈された微弱な程度であれば、さまざまな形でこの感覚を体験することは可能であると思われる。

4．坐禅と解離

坐禅は禅の基本である。そこではいったい何が体験されており、その体験がどうして悟りに繋がるのだろうか。

坐禅モードに入るための取っ掛かりとして、呼吸への集中は有効である。上田閑照はいう、「ただ、下腹にすこし力を入れてすーっと吐き出す。それから力を抜くと自然に息が入ってきます。これだけなのですが、結局自分をすーっと無限の開けのなかに出し切る。宗教的象徴で言えば、呼吸はそのつど死に切ってそして蘇ることです[13]」。坐禅において主体は、呼吸を通して、絶対無の動性に自己の身心を相応させる（息を吐くとき、還滅＝死に相応させ、息を吸うとき、性起＝生に相応させる）。その際、「下腹にすこし力を入れ」息を吐くという形で、絶対無の動性における還滅の側面を特に意識することが重要ではないかと思われる。板橋老師はいう、「例えば坐禅を組むとき、呼吸法として、丹田から静かにゆっくりと全身の息を吐ききり、あとは自然に任せて息を吸う腹式呼吸をします(14)」。ただし、老師は呼吸を意識すぎてそれに執われてしまうことには注意を促している。坐禅において還滅の動性に身心を委ねると、通常の思考のあり方、すなわち、煩悩に盲目的に動かされ、自己や他者や物そして世界を実体化して見る思考のあり方が、しだいに解消されていく。そうして絶対の静がしだいに感じられてくる。「無限の開け」とは、絶対の静を空間的に表象する、上田独自の用語であると思われる。

　坐禅は、還滅の到達点にして性起の起点である、絶対の静に自らなりきろうと意志する行である。結跏趺坐《けっかふざ》し背筋を伸ばし半眼となった坐禅の姿は、絶対の静を目指す意志によっておのずと形作られる。また逆に、そのような姿によって、絶対の静を目指す意志が醸成される。このような坐禅を通して、主体は絶対の静にしだいに親密になっていく。換言すれば、大死へと自己を徹底していく。そして忽然と、絶対の静からの性起として自己を見る見性が到来する。白隠は夜を徹しておこなった坐禅において、「萬里《ばんり》一條《いちじょう》の層氷裏《そうひょうり》に凍殺《とうさつ》せらるるが如し(15)（万里に及ぶ氷の層のなかに埋められ凍死させられるようである）」といった体験をした（『遠羅天釜《おらてがま》巻之下』）。このとき白隠は遠寺の鐘声を聞いて、大悟したという。白隠は鐘音を自己性起として聞き、自己性起を自己性起として見ることができた（見性を果たすことができた）のだろう（第十一章参照）。

ここで坐禅において体験される事態に関して、精神医学用語である（現代の精神分析でも用いられる）「解離」（第三章7参照）を用いて考えてみたい。解離は病理現象として見られることが多いが、元来は人間の心に備わった自己防衛の能力である。参禅工夫とは、坐禅においてまさにこの能力を自覚的・意図的に用いて、日常的な同一化を解除し、現実界に開かれ、そうして絶対の静を見究めようとする試みであるといえないか。絶対無の動性の還滅の側面に自己の身心を委ねて相応するとは、意図的・自覚的に解離をおこなうことではないか。坐禅とは自覚的・意図的解離を習得する作業といえないか。坐禅を通して絶対の静が見究められるならば、そこからの自己性起を見て、自己存在の本来性を会得することができる。坐禅から立ち上がった者は、日常生活のさまざまな場面で――庭掃除や厨房で大根を切る作業、「屙屎《あし》送尿《そうにょう》、著衣喫飯《じゃくえきっぱん》、困《つか》れ来たれば即ち臥《ふ》す(16)（大便小便をし、衣服を着て食事をし、疲れたらただ寝るだけ）」の日々の暮らし全般において――、坐禅で見究めた絶対の静を心に蘇らせ（これも意図的・自覚的解離であり、意図的・自覚的に離人的状態になることである）、そこからの自己性起を実感し、また他者と世界も共にそこから性起してくることを思う。このように坐禅と日常生活を往復しながら、他者と共に生きる世界のなかで、本来的自己の存在感覚をじっくり醸成していく、これが禅的な生き方ではないか。禅的な生き方とは結局のところ、意図的・自覚的に解離を用い、世界大の絶対無の動性のなかで、本来的自己の存在感覚を醸成していく生き方ではないか。そうした生き方をしていくなかで、思いがけないことが機縁となり、その感覚の高騰、悟りが訪れることもある。香厳《きょうげん》智閑《ちかん》は、ある日、箒で掃除していて、小石が竹に当たった音を聞いて悟ったという（『景徳伝灯録』巻十六など）。洞山は川を歩いて渡っているとき、水面に映る自己の顔を見て悟ったという（第七章参照）。

ここで禅問答について考えてみよう。中国唐代の修行者たちは、師を求めて各地を遍歴し、問答を試みた。数々の問答の記録が残されており、それらは禅の歴史を構成する不可欠の要素となっている。問答において問う側は、どんな形においてであれ、常に究極の問いを問う。たとえば、「如何《いか》なるか是《こ》れ祖師《そし》西来意《せいらいい》」（達磨はどのような意図をもってインドからはるばる中国に来たのか）という形で。相手の悟境を点検してやろうという意図をもって、挑戦的に問う場合も少なくない。その答えが禅問答の答えであるかぎり、そこには絶対の静の提示や、絶対無の動性を自覚的に生きる姿が提示されなければならない。たとえば、「庭前《ていぜん》の柏樹子《はくじゅし》[17]」（庭前にある柏《かしわ》の樹）」（「如何なるか是れ祖師西来意」に対する趙州《じょうしゅう》の答え）のように。このようになされた問答が、問う者を教化《きょうけ》し悟りへと導くこともあれば、機縁かなわず擦《す》れ違いに終わってしまうこともある。禅問答とは結局のところ、坐禅において還滅に相応して絶対の静を見究めた主体が、今度は性起に相応して、自己と他者とが、各々の性起の根源である絶対の静を共有していることを確認し、根源的に繋がり合う作業であると考えられる。

（1）入矢義高訳注『臨済録』岩波文庫、一九八九年、四六頁。
（2）『無門関』、前掲、九三頁。
（3）入矢義高監修『玄沙広録　下』禅文化研究所、一九九九年、二八〇頁。
（4）景徳伝灯録研究会編『景徳伝灯録5』禅文化研究所、二〇一三年、五八七頁。
（5）禅と同様、キリスト教神秘主義も体験を重視する立場である。後者に関するラカンの議論（Jacque Lacan, *Le Séminaire 20*, op., p. 61ff.　前掲、一一四頁以下）はこうである。ラカンは十字架のヨハネ（一五四二―一五九一）やアビラの聖テレサ（一五一五―一五八二）を取り上げ、彼らの神秘体験を「女の享楽」の体験として捉える（ここで性別は生物学的な性別とは無関係である。十字架のヨハネやアビラの聖テレサも女の享楽を体験しうるかぎり、「女性」である）。女の享楽とは、常に象徴界に統合された状態にある主体――ラカンのいう「男性」――には体験されえない、言語による制約を免れた享楽、現実界のまっただなかで体験される享楽のことである。彼らは象徴界の外部、現実界において神と融合するのだから、その体験が何であるかを「知る」ことはなかった点に、ラカンは注意を促す（op., p. 71.　前掲、一三六頁）。つまり、彼らの体験は果たしてキリスト教の教義に適合する正統なものか、換言すれば、〈父の名〉としての神の名に従属しうるものか、「権威の座から《エクス・カテドラ》」客観的に検討される必要があった。つまり、神秘家自身にはその体験の正統性を判断することはできなかった。一方、禅にも弟子の悟りの師による点検・印可ということがあるが、それは師と弟子が一対一で向かい合い、師自身の体験に照らして弟子の体験を点検するという仕方でおこなわれる。
（6）入矢義高監修『玄沙広録　上』禅文化研究所、一九八七年、九六頁。
（7）『臨済録』、前掲、一五〇頁。

(8) 辻村公一『ハイデッガー論攷』、前掲、四九頁参照。「絶対の静」とは、田邊元が西田哲学を批判する文章のなかに登場する語である。田邊は、西田哲学を哲学の宗教化であると見做《みな》し、「私は宗教に関して語る資格の最も乏しき者であるが」と断りつつ、「宗教はすべての動を包む絶対の静であるに対し、哲学はあくまで静を求むる動」であり、「前者はすべての動を静化する立場であるに反し、後者はかえって静を暫定化して常に動に転ずる立場である」と述べている(『田邊元全集4』筑摩書房、一九六三年、三一一頁)。西谷は西田の直弟子であり、辻村は田邊の直弟子である。西谷がどのようなコンテキストで渦巻の比喩を語ったかを辻村は述べていないが、このような西谷の考え方は、田邊の西田との対決を目の当たりにし、当時の京都学派の緊迫した空気を呼吸しつつ、自己自身で思索することによって出て来た考え方であることは間違いない。なお、辻村は、「絶対無としての自己」の立場からハイデッガーの哲学を、性起は捉えているが未だ還滅は捉えられていないと批判している(『ハイデッガー論攷』、前掲、四九頁)。

(9) ラカンは「第二の死」というもの、すなわち、「死が終わった後に更に目指すことのできるもの」(Jacque Lacan, *Le Séminaire 7*. op., p. 341. 前掲、『下』pp. 192-193)を考えた。人間の心は西洋でも東洋でも、「死の彼岸の苦」(op., p. 341. 前掲、『下』p. 193)の表象、地獄の生き生きとした表象を産み出してきたが、そのような苦からの解放をもたらしてくれるものが、第二の死である。このように考えるラカンの念頭には、仏教における涅槃もあったようだ。第二の死とは、象徴界からの主体の最終的な脱統合であると思われる。ソポクレスの悲劇のアンティゴネーは、ラカンによれば、生きながらに第二の死を遂げ、第一の死(肉体の死)と第二の死の間を生きたという(op., p. 315ff. 前掲、『下』一五七頁以下)。精神分析実践が必然的に向かうことになるのは、このような「悲劇的《トラジック》な次元」であると、ラカンは考えているようである。このような第二の死は大乗仏教の「生死即涅槃」としての涅槃に相当近いように思われる。

(10) Jacque Lacan, *Le Séminaire 2*, op., p. 122. 前掲、『上』一六二頁。

(11) 『フロイト全集14』、前掲、二六頁。

(12) フロイト(新宮一成訳「夢解釈Ⅱ」『フロイト全集5』岩波書店、二〇一一年、五五頁、高田珠樹訳「原始語のもつ逆の意味について」『フロイト全集11』岩波書店、二〇〇九年)は、夢の言語と古代人の言語との類似性を見出した。エジプト語などの古代語では、対立する二つの意味(強弱、老若、遠近、接合切断など)に対して、もともと一つの語しかなく、どちらかの意味を示す場合は、その語に二次的にわずかな修正を施すことで間に合わせていた。古代人の言語活動は、同一律と矛盾律にしたがって運用される言語活動以前のものであり、夢を構成する無意識の言語活動と軌を一にする。フロイトは、あるひとつのシニフィアンにおいて正反対の意味を一致させる無意識の言語活動を考えることによって、絶対無の動性である性起と還滅の一体的動性に、相当接近していたのではないだろうか。

(13) 『上田閑照集1』岩波書店、二〇〇一年、一八二—一八三頁。

(14) 板橋興宗・有田秀穂『われ、ただ足るを知る　禅僧と脳生理学者が読み解く現代』佼成出版社、二〇〇八年、二六頁。

(15) 芳澤勝弘訳注『白隠禅師法語全集9』、禅文化研究所、二〇〇二年、四二七頁。

(16) 『臨済録』、前掲、五〇頁。

(17) 『無門関』、前掲、一四四頁。

第六章　ラカンと禅仏教

1．転移に見られる貪瞋痴

ラカンがどれほど仏教や禅のことを知っていたかは定かでないが、彼が仏教や禅に少し言及している箇所がある。それらを読むと、ラカンが直観的に仏教や禅の本質に相当迫っていたように、筆者には思われる。この章ではそのいくつかを取り上げ検討し、ラカンと禅の親近性を確認した上で、精神分析はどのような点で禅に学ぶ必要があるか、考えてみたい。

ラカンはいう、「実存に固有の誤謬を転移の形態のなかで認識するためには、仏教徒がわれわれに提供してくれる――仏教徒が唯一というわけではないが――材料に頼る他はない。すなわち仏教徒が挙げている三つの項目、愛、憎しみ、無知である。分析のはじまりには陽性転移と呼ばれるものが起こるが、そのなかで分析の進展に伴って起こる逆効果と同じようなものとして、われわれは右の三つの項目を理解する」(1)。分析作業のなかで起こってくる転移は最初、多くの場合、分析家に対する信頼や好意といった陽性の形で起こるが、しだいに愛憎入り混じる感情となる。「愛、憎しみ、無知」とは、貪《とん》、瞋《じん》、痴《ち》の煩悩のことであろう。ラカンによれば、転移には「実存に固有の誤謬」があり、その「誤謬」を認識する上で、仏教における貪瞋痴の煩悩の考え方が役立つという。ラカンはわかりやすく説明してくれない――往々にして彼の発言はそうである――が、これはいったいどういうことか。

まず「実存に固有の誤謬」は、次のように考えられる。たしかに精神分析家のもとを訪れる人は、他でもない自己自身、「実存」としての自己自身に向き合おうとしている。しかしそれは大抵の場合、実体化された存在としての唯一無二の自己のことであり、ラカンはそのように自己を捉える捉え方を「誤謬」として見ていたと考えられる。このように捉えられる自己存在は、ハイデッガーが『存在と時間』において考えた現存在の存在〈実存〉のように、禅仏教の立場から見れば、「最後の執」を残した存在である〈第三章6参照〉。

そもそも人間は、鏡像段階において自己の鏡像に執着することによって、自己執着・自己実体化の明確な端緒を開く〈第三章2参照〉。このとき一緒に鏡を見ている〈他者〉〈母など〉の声と眼差しが、重要な役割を果たす。それ以後、去勢を経て〈他者〉の視点を内在化するまで、主体の実体性は外部の〈他者〉によって支えられることになる。精神分析作業において主体は、去勢以前へと退行し、母――欲動満足〈享楽〉の源泉であり、自己の実体性を支えてくれていた〈他者〉――との関係性の問題に直面し、そして母＝〈他者〉のイメージが分析家に転移されることになる（実際には、父のイメージが転移されることも少なくないが、転移の基本は母の転移であり、父の転移は母子関係との関連において起こると、筆者は考えている）。つまり、転移の背後には、〈他者〉によって支えられる自己執着・自己実体化という根本的な問題が潜んでいるのである。これを分析家は認識しなければならない。その際、仏教における貪瞋痴の煩悩の考え方が示唆的であると、ラカンはいうのである。

先に述べたように、貪は欲動、瞋は欲動満足の阻害に対する反応である。転移のなかで主体（患者）の欲動は活性化し、彼は分析家に投影する。彼の幼少期、自己に欲動満足をもたらしてくれることを期待した親のイメージを、彼は分析家に向ける。そしてその期待に応えてくれなかった親に対する怒りを、分析家に向ける。痴は、先に述べたように、欲動に盲目的に動かされつつ、自己実体化という誤謬をしてしまっていることに対する無知である。それを分析作業のなかで自覚するのは、他の二つと比べるとむずかしい。しかしラカンの考える精神分析は、まさにその無知＝痴を洞察することを目指すものであるといえる。

先の引用に続けてラカンはいう、「第三のもの［無知＝痴］は、主体との距離の近さのために、通常忘れられがちであるが、もし忘れられないならば、各々はこの実存的様相の下で、他の二つから明確化されうる」。貪と瞋が意識化されるだけではなく、痴が意識化されてはじめて、貪、瞋、痴の三項はそれらの連関性において、明瞭に見えうるものとなる。たとえば、貪を考えてみよう。主体は貪（欲動）に動かされ、ある程度の欲動満足を繰り返し得る自己を体験することで、そのような自己に執着し、自己を実体化して捉えるという誤った捉え方、痴が生み出される。また主体はそのように自己を実体化する誤謬に陥っていることで、たまたまその満足が得られないと、瞋が生み出される。仏教の貪瞋痴の考え方は、自己実体化という誤った主体のあり方を、西洋哲学には見られない鮮やかさで、客観的に見ることを可能にしてくると、ラカンは直観したのではないだろうか。

2. 瞬間への注視

ラカンによれば、「禅という名で呼ばれ、極東のある宗派の伝統的修行における、主体を顕現させる方法」と、彼が考案した「可変時間セッション」は軌を一にするものである。(2)「可変時間セッション」とは、分析場面において無意識の活性化が見られ、主体が現実界と接触したとき、唐突にセッションを切り上げる、ラカン派独自の技法である。(3)無意識の活性化は、突如想起される記憶や、突如湧き上がる感情といった形で起こり、主体（患者）を驚かせる。その驚きは、主体が現実界と接触したことを示唆する。その接触体験を強調するために、分析家はそこでその日のセッションの終わりを告げる。「主体を顕現させる方法」とは、無意識の主体――その顕現において現実界が顕現している――を顕現したままにしておく方法ということである。ラカンによれば、可変時間セッションは「言葉《パロール》が生れ出るようにするために、語《ディスクール》りを切る」(4)。ここで「言葉」とはもちろん、現実界との繋がりのなかで紡がれる真の言葉のことである（第四章2参照）。ラカン派では主体に現実界との繋がりを取り戻させ、真の言葉を到来させる上で、効果的な技法としてみなされている。

たしかに面接場面では無意識の顕現が起こる。そこでセッションを打ち切るほどのことをしなくても、その顕現の瞬間、それまでひたすら傾聴していたセラピストが沈黙を破り、顕現した無意識に対してなんらかの形で反応し、それをクライエントの心に印象づけることが必要だと、筆者は考えている。たとえば、ある女性は父と強い情緒的結びつきをもっていた。父が病気で亡くなったとき、彼女は情緒不安定になり、病院での父の治療方法が適切であったか、疑いをもつようになった。彼女は面接のなかでその疑いを感情的に語るなかで、informed consent を incest concept と言い間違う。その瞬間、セラピストはその沈黙を破り、「incest って近親相姦ってことですね」と、その言い間違えを指摘する。この指摘は彼女を驚かせ、父に対する彼女の愛情が無意識的に性愛化されており、そのことに対して彼女が強い恐怖心をいだいているという洞察へと、彼女を促すだろう。ここで大切なのは、その洞察において体験される本来的自己の存在感覚である。

3. 喝の効果

セミネール1の開講の辞の劈頭《へきとう》でラカンは次のようにいう、「師は罵倒、足蹴り、どんなことによっても沈黙を破ります。／仏教の師は、意味の探求において、禅の技法によって、このようなことをおこないます。自分自身の問いの答えを求めるのは、弟子自身の役目です。師は『権威の座から《エクス・カテドラ》』既成の学問を教えるのではありません。師は、弟子が答えを見出す、まさにそのときに、答えをもたらすのです(5)」。まずここでどのような禅の場面が想定されているかを確認しておきたい。「罵倒」とは「喝」のことであろう。たとえば、『臨済録』には次のような問答がある。

僧問う、如何なるか是れ仏法の大意。師便《すなわ》ち喝す(6)。
（僧は問うた、「仏法の意味をざっくり教えてください」。禅師はすぐさま喝を浴びせた）。

峻厳な「喝」は臨済禅を特徴づけるものである。臨済は「教外別伝《きょうげべつでん》」の禅の伝統を生きる者として、主体が「名句《みょうく》に執《しゅう》する(7)（名前や言葉に執《と》われる）」ことで肝心の真理を逃してしまうことに対して、その峻厳な喝で対応する。右の問答で僧はすでに「仏法」という言葉に執われている。

およそ喝は言語活動そのものを粉砕する威力をもつ。この喝も「如何なるか是れ仏法の大意」と言語を用いて「(仏法の)意味を探求する」行為そのものを根本的に否定する。喝は怒気を含んでいる。それは仏像の忿怒《ふんぬ》相と同様、煩悩を打ち砕くという意味をもつだろう。喝は、煩悩に囚《とら》われ、言語を用いつつ実体化する思考そのものを根本的に否定し、その場に絶対の静を開き出す(8)。そうして相手をその開き出された絶対の静へと引き込む威力をもつ。言語活動がその都度、絶対無の動性の性起の側面に、主体が自己を相応させることであるならば、喝は師が絶対無の動性の還滅の側面に自己を相応させることによっておこなわれると考えられる。喝にはそれを発する者に、ある種の享楽をもたらすという点も忘れてはならない。鈴木大拙は「喝」を ejaculation(「大声で叫ぶこと」のほかに「射精」の意味がある)と英訳しているが(9)、喝の享楽的性質を捉えた適訳であると思われる。

臨済に喝を浴びせられた僧が、おそらく臨済の眼差しを浴びていたということが、重要ではないかと思われる。つまり、僧は言語活動の主体としては否定されるが、彼にとって自己の存在感覚は師の眼差しにおいて保持されている。喝を浴びた僧に求められるのは、師の眼差しにおいて見出される自己の存在感覚を頼りに、師の喝によって開き出された絶対の静のなかで、自己性起を自己性起として主体的に見ることである。これが見性《けんしょう》であり、それは絶対無の動性として自己を自覚することであり、まさに彼の問うた「仏法の大意」の会得である。その僧が坐禅をはじめとする修行のなかで、すでに絶対の静に対する親和的感覚を充分に醸成しているならば、彼は師の喝と眼差しの効果によって、見性に成功するだろう。その際、彼は享楽的性質をもった喝と同調し、彼自身、享楽を体験することになるだろう。

もちろんラカンはここまで考えていたわけではないだろうが、禅の教化《きょうけ》のあり方に、自らの考える精神分析のあり方と通底するものを直観していたことはたしかである。彼の考案した可変時間セッションは、主体が現実界と接触した瞬間、そのことに分析家の身心《しんじん》が反応し、その瞬間を強調する。ラカンはそのような分析家としての自身の反応と軌を一にするものを、禅の師のやり方において直観的に見出したといえる。また右に引用したラカンの言葉は、精神分析が何かを教える教育の場であるセミネールの開講の辞として語られたものであり、ラカンの教育者としての姿勢を表明するものでもある。宗教的権威は人に絶対的服従を要求するが、ラカンはそのような権威の座から教えることを望んでいない。彼が望むのは、彼の思索を自ら思索し直しつつ、頑張って彼の思索の後をついていくことによって、分析場面でのように各人が現実界との接触を果たし、本来的自己の存在感覚を取り戻すことであり、そのことによって精神分析の考えを自己自身の真理として論理的に会得することであると思われる。たしかにラカンの言葉は難解であるが、われわれがラカンに心惹かれるのは、そこによく理解できないながら、われわれにとってなにかとても重要な事柄が語られていると直観するからだろう。われわれはこの直観を大切にし、ラカンの思索を兀兀《ごつごつ》と自ら思索し直していけばよい。ラカンが言いたいのはこういうことではないかという思いを漠然といだくとき――それはまさにわれわれがこの人生のなかで何らかの形で現実界と接触した瞬間が想起されてきたときである――、そのことを明確に語る彼の言葉に出遭えるだろう。「師は、弟子が答えを見出す、まさにそのときに、答えをもたらすのです」。

ここで想起されるのは、禅語の「啐啄同時《そったくどうじ》」（雛鳥が卵の殻を内からつついて生まれようとするのと、親鳥がその卵の殻を外からつついて、雛鳥を生まれさせようとするのが、同時であること）である。この語では、師が弟子に答えを与えるときと弟子が自ら答えを見出すときの同時性がいわれている。弟子の側で充分な修行ができていて、はじめて啐啄同時は現出する。啐啄同時は修行者の器量に合わせて、さまざまな水準で起こるであろう。禅は外的な権威によらず、むしろ「権威」を主体自身の内に見出した者によって伝承される。精神分析の伝承も、またそのようなものであらねばならないと、ラカンは考えていたように思われる。

4. 論理的時間

ラカンも禅も、瞬間に対する研ぎ澄まされた感性をもっているように思われる。ラカンは次のような寓話を用いて、ある特殊な時間体験の提示を試みている(10)。

三人の囚人、A、B、Cがいた。刑務所の所長が次のような試験を試みる。五枚の円板があり、三枚が白で二枚が黒である。それらを三人の囚人に提示した上で、それらのなかの一つを三人の囚人の各々の背中に貼りつける。このときどれを貼ったか、本人にはわからないようにする。所長が実際に貼ったのは、全員白だった。彼らは相手の円板は見えるが、自分の円板は見えず、何色かわからない。お互いに見た色を言い合うことは禁じられている。この状況で囚人には、自分の背中の円板が何色か、論理的に判断できたら、所長のところに走って報告することが求められる。それが正しければ、その囚人は釈放される。

囚人Aの立場で考えてみよう。彼には、囚人Bと囚人Cの背中の円板が、共に白であることがわかる。そこで彼は次のように考える、「もし自分が黒ならば、Bは自分（A）の黒とCの白を見ている。このときBは次のように考えて回答を見つけるだろう。「もし自分（B）が黒ならば、Cは自分（B）の黒とAの黒を見ている。黒は二つだから、Cは自分（C）が白だとわかるはずである。しかしCは走り出さない。ということは、自分（B）が黒だという仮定が間違っていたということになる。つまり自分（B）は白だ！」と。しかしBは走り出さない。ということは、自分（A）は黒ではなく、白だ！」。こうして囚人Aは走り出す。

ここで注意すべきことは、囚人Aの思考が論理的に成立するためには、他の二人の囚人も同時に、「もし自分が黒ならば……」という同様の思考をおこなっていなければならない、ということである。つまり、囚人Aが正答に到達した同一の瞬間に、他の二人の囚人も正答に到達しなければならない。というのは、誰かが先に走り出す瞬間を見てしまったら、その論理は成立しないからである。また自分だけ走り出したのであるならば、他の二人は自分が考えたようには考えていなかったことになり、これもまた論理は成立しない。三人の囚人が走り出すのは同時でなければならない。急《せ》かされ同時に走り出す、その彼らの行為においてはじめて論理が成立する。ここで重要なのは、相手が走り出す瞬間の直前を見るということであり、主体は切迫性に駆られてその瞬間の直前を見るということである。(11)

ここで禅の場合を見てみよう。たとえば、修行時代の臨済に対する黄檗希運《おうばくきうん》(?―八五〇)の教化の棒打。(12)臨済は黄檗の下で三年、純一に修業に打ち込んでいたが、まだ黄檗に参問したことがなかった。あるとき臨済の大器なることを見抜いた首座《しゅそ》(修行僧のリーダー)が、臨済に声をかけた、「これまで黄檗禅師に参問したことがあるか」。臨済が「ありません。いったい何を問うたらよいかわかりません」というと、首座は「如何なるか仏法的的の大意(仏法の意味とはズバリ何ですか)」と問うたらよいと教えた。臨済はそのようにしてみた。すると――。

声未だ絶えざるに、黄檗便《すなわ》ち打つ。

(臨済が言い終わらないうちに、黄檗は棒打した)。

臨済は三回、黄檗のもとに行き、同じ問いを問い、同じように棒打に遭った。黄檗は臨済が問いを発する瞬間の直前を見て、そこから棒打の行動を起こしたと思われる。つまりこういうことである。臨済の「問う」という言語活動は、絶対の静からの性起に自己を相応させることによっておこなわれる。黄檗は、臨済の言語活動がそこから発動する絶対の静――それは未だ臨済自身には見えていなかった――を見据え、そこから棒打の行動を起こすことによって、臨済の「問う」という言語活動を根本的に否定した。そうして臨済に絶対の静に気づかせ、そこからの自己性起を見させようとしたと考えられる。瞬間を性起と還滅の一体的動性として捉えるならば、ある瞬間の直前を見るとは、その瞬間において性起の根源としての絶対の静を見ることであると考えられる。そもそも瞬間を真に捉えることは、絶対の静を見て、そこからの性起において瞬間を捉えることでなければならない。禅者はそのように瞬間を捉える感性を磨いていると思われる。ラカンはそのような禅的な感性に相当近いものを持っていたように思われる。三人の囚人は各々が極度に集中力をはたらかせた状態で、互いに見つめ合うなかで、絶対の静を見たにちがいない。

5. 去勢の岩盤の突破

後期ラカンはいう、「仏教で最上のものは禅であり、禅とはこういうものです、かわいい諸君、喝《アボアマン》によってあなたに応答するものです。これこそ、フロイトが地獄のような仕事と呼んだものから抜け出したいという思いが自然に《ナチュールマン》出てくるとき、最上のものです[13]」。

まず「フロイトが地獄のような仕事と呼んだもの」とは何か。フロイトによれば、分析はどうしてもそれ以上先に進むことのできない「頑として揺るがない岩盤[14]」、すなわち、去勢の岩盤に突き当たる。分析がその岩盤に到って戻ってくることの繰り返しになるならば、分析には終わりがない、換言すれば、分析は地獄のように苦を際限なく味わう仕事ということになる。フロイトは自らの臨床経験に基づいてこのようにいうのであろうが、これはどういうことか。分析作業において主体（患者）は、無意識を意識化して洞察する。その洞察は分析家との関係性において、〈父の名〉――この場合、それは分析家の名であり、分析家が属する学派の名である――に対する従属においてなされがちである。このとき主体の不幸は「あたりまえの不幸」（第四章1参照）となり、「特定の一」としての自己（本来的自己）の存在感覚は閑却される。このような仕方で無意識の洞察が進展していくならば、〈父の名〉による去勢はより強化されていくことになる。これは分析家との主体の同一化――これはラカンが痛烈に批判した自我心理学が肯定的に捉えていた現象である――という形を取る（分析家の外見、言葉遣い、仕草など、そっくり似てしまった人間が、なんと多く作られたことだろう）。そして学派の思考がすっかり身についた主体は、自己の内から自然に出てくる思いがわからなくなる（右の引用の「自然に《ナチュールマン》」の語には、ラカンの痛烈な皮肉がこめられているように、筆者には思われる）。彼は学派への自己の統合度を高め、自分が自由でないことの自覚を徹底していく。これは滑稽な悲劇以外のなにものでもないのではないだろうか。

正式に分析家になるためには、志願者自らが相当な時間、分析を受ける「訓練分析」が不可欠とされる。しかし訓練分析がもっぱら去勢の徹底に終始するならば、それは、本来的自己の存在感覚に無頓着な人間、いや、そのような感覚をもった他者に対してルサンチマンをいだく人間として、新たな分析家を生み出すことになりはしないか。(15) 新たな分析家は、〈父の名〉への従属によって自らが「知」を獲得したそのあり方を患者に適用しつつ、訓練分析において自らが転移のなかで訓練分析家において見出した「知を想定された主体(16)」の座に、今度は自らが居座ることに喜びを見出すようになるのではないか。権威主義的な人間になってしまわないか。このような人間になりたくないと思うのが、われわれの「自然な思い」であろうが、その思いも麻痺してしまうことになりはしないか。

後期ラカンは、人間主体が〈父の名〉への従属から自己を解放することで、去勢の岩盤を突破し、フロイトの限界を超え、分析の終わりに到る道を模索した。右の引用はまさにその時期、禅仏教に注目したラカンの言葉である。喝には、先に述べたように、言語活動そのものを粉砕する効果がある。換言すれば、喝には主体を〈父の名〉への従属から解き放ち、象徴界から脱統合させる効果がある。ラカンの直観は的確にその点を捉えたように思われる。

分析作業が去勢の岩盤に突き当たり、去勢をより確実にして戻って来る作業になってしまいがちなのは、無意識顕現の瞬間、主体が〈父の名〉への従属においてそれを洞察する一方で、本来的自己の存在感覚をわがものにすることに失敗してしまうからではないか。禅に学ぶことによって、精神分析は現実界の真相によりあかるくなり、もっと本来的自己の存在感覚という点に目を向けることができるようになるだろう。

6．禅に学ぶ精神分析

後期ラカンの考える精神分析の最終目標は、サントーム（夢や症状と向き合い、自己を徹底的に見据えることであきらかとなってくる主体自身の特異性）との同一化によって、主体自身が象徴界と想像界と現実界をボロメオ結びで結ぶ第四となり、自己存在の特異性――筆者の言い方では自己存在の本来性――を実現することであるといえる（第四章5参照）。しかしサントームとの同一化は、同一化であるかぎり、そこには自己執着・自己実体化が起こりうる。サントームと同一化して生きることとは、主体が「特定の一」としての自己の死を迎え、それとの同一化が解除され、それを手放すことになっても悔いはない、そのようなものへと徹底される必要がある。では、その徹底はどのようにおこなったらよいのか。筆者は次のように考える。

精神分析作業のなかでしだいに実感されてくる、心の奥底の癒されがたい痛みがある。それは去勢（母子分離）の痛みである。去勢は人間的主体＝言語活動の主体の生成を仕上げるものであり、去勢の痛みの奥には去勢以前の段階の痛み、すなわち、対象ａ（母の乳房など）の欠如と遭遇したときの痛みがある。これは対象ａ＝自己の「無」に直面して起こる痛みである。このような痛みが、サントームの中核にあるのではないか。対象ａ＝自己の「無」は、言語活動の起源としての「無」、すなわち、そこからファルス（シニフィアンそれ自体）が主体によって創出され、言語活動がもたらされる事態である。それは、禅仏教的立場から、存在の根源相である絶対無の動性（性起と還滅の一体的動性）を統べている絶対の静のことであると、捉え直されることができると思われる。対象ａ＝自己の「無」に対する痛みを自覚し、絶対の静に向き合い、これに親密になることによって、主体は自己を一瞬一瞬の絶対無の動性として自覚することができる。そしてそのような主体が、象徴界と想像界と現実界をボロメオ結びで結ぶ第四となるならば、次のような仕方でボロメオ結びを作ることになる。すなわち、自己還滅によってそのボロメオ結びをたえず解体しつつ、自己性起によってそのボロメオ結びをたえず作り出すという仕方である（第十章2参照）。サントームと自己同一化した上で、さらにそのような自己を絶対無の動性として見出すならば、主体はサントームとしての自己の人生を享受しつつ、サントームに対する執着を免れることができるのではないか。これはラカンの考えをさらに超えた境位ではないだろうか。

心理面接を何年も受けてきた人が、こんな感慨を語ることがある。「こんな自分だから、人生で辛いことにたくさん出遭ってきた。でも、こんな自分だからこそ、こんないいものに出遭うことができた」。彼は自己の夢や症状を徹底的に見据えてきて、動かしがたい「こんな自分」に辿りついた。彼は「こんな自分」においてサントームを見出している。サントームと同一化し、「こんな自分」を受け入れた主体は、「大丈夫！　私はまだ生きていける！」と確信し、そしてこの世界に生まれてきたことに感謝できるだろう。その感謝の念は、心の奥底の癒されがたい去勢の痛みと混じり合い、いっそう深さを増すだろう。

実父からの性的暴力を受けた過去をもつ女性がいる。彼女において解離されたトラウマ記憶は病因となって、解離性障害を生み出した。〈父の名〉としての実父の名に従属するかぎり、彼女は癒されがたい。実父の名への従属は、およそ〈父の名〉への従属の基本であるために、彼女が神経症的主体を志向するかぎり、そこからの解放は難しい。しかし彼女が、過去を解離し自己の心を守らざるをえなかった、そんな自己自身と向き合い、本来的自己の存在感覚を醸成しつつ、同一化すべきサントームを見出していくならば、〈父の名〉としての実父の名からの解放は可能であると思う。大切なのは、自分の人生で何があったか（事実）ではなく、本来的自己の存在感覚である。そして彼女がそのサントームとの同一化を、絶対無としての自己の自覚へと徹底し、一切の存在が親密に繋がり合う世界大の絶対無の動性、すなわち、真理に触れるならば、実父の行為を真理に照らして真の意味で倫理的に判断できるようになる。たしかにトラウマ記憶は消えない痛みとして心の奥に残るかもしれない。しかし絶対の静に親密になるならば、それをパッと手放す感覚を持つことができる。禅語に「放下《ほうげ》（パッと手放す）」というものがある。放下の感覚が身につけば、トラウマに無意識的に執われ、それを自ら握りしめて苦しむあり方から解放されるだろう。

（1）Jacque Lacan, "Fonction et champ de parole et du langage en psychanalyse," in *Écrits*, op., p. 309. 前掲、一一四頁。
（2）op., p.315. 前掲、一二五頁。
（3）ブルース・フィンク『ラカン派精神分析入門』（17-19［24-28］）
（4）Jacque Lacan, "Fonction et champ de parole et du langage en psychanalyse," in *Écrits*, op., p. 316. 前掲、一二五頁。
（5）Jacque Lacan, *Le Séminaire 1*, op., p. 7. 前掲、『上』三頁。
（6）『臨済録』、前掲、一六頁。
（7）前掲、六〇頁。
（8）ラカンはいう、「叫びは、静けさを基礎にしてそれ自身を浮き彫りにするのではなく、逆に静けさを静けさとして顕現させる」（Jacque Lacan, *Le Séminaire 11*, op., p. 28. 前掲、三二頁）。通常われわれは、音声を静けさを背景（基礎）にして、静けさとの対比において浮き彫りになるものとして捉える。このような捉え方は、音声と静けさを共に実体化して捉える捉え方である。言語を用いつつ実体化する思考をおこなっているわれわれの日常を、叫びは粉砕する。そして隠されていた脚下の現実界の絶対の静を、そのものとして顕現させると考えられる。

（9）鈴木大拙『鈴木大拙全集3』岩波書店、一九六八年、四六九頁。

（10）Jacque Lacan, "Le temps logique et l'assertion de certitude anticipée," in *Écrits* ,op.　佐々木幸次訳「論理的時間と予期される確実性の断言」（『エクリI』弘文堂、一九七二年）。

（11）ラカンはいう、「たしかにこの形式［相手が動く瞬間の直前を見ること］は、ブリッジ・ゲームや外交の会議での実践への応用として、さらには精神分析実践における『コンプレックス』の操作への応用として、たやすく見出せる」（op.p. 212.　前掲、二八二頁）。武道にもこの形式は見られるだろう。「『コンプレックス』の操作」とは、自らのコンプレックス（抑圧されたもの）に対して患者が情動的に反応する瞬間の直前を分析家が敏感に察知して動き、患者にそのコンプレックスに直面させるということであろう。なお、後期ラカンはこの寓話を対象aの概念を用いて捉え直し、「各々は他者の眼差しの下で対象aとなる」と述べている（Jacque Lacan, *Le Séminaire 20*, op., p. 47.　前掲、八八頁）。三人の囚人は各々、他者の眼差し（対象a）において自己の存在感覚を見出すが、正答に達したとき、眼差し＝自己を主体自身によって否定することになる。

（12）『臨済録』、前掲、一七九―一八〇頁。

（13）Jacque Lacan, *Le Séminaire 20*, op., p. 104.　前掲、二〇八頁。

（14）ジークムント・フロイト、渡邉俊之訳「終わりのある分析と終わりのない分析」『フロイト全集21』岩波書店、二〇一一年、二九三―二九四頁。

（15） カール・ヤスパース（一八八三―一九六九）は、心理療法の諸学派とキリスト教の諸宗派との類似性――それらは共に相互に排斥し合う――を指摘し、訓練分析は「さしあたっては、排他的な、そして楽観的に自己を許容するところの、いくつかの学派の隘路の中へ入ってゆくことであり、結局は、しかし、このような職業を停滞させることになりかねないように私には思われるのである」（Karl Jaspers, *Allgemeine Psychopathologie, Auf.9* (Berlin, Springer-Verlag, 1923), S. 681. 内村祐之・西丸四方・島崎敏樹・岡田敬蔵訳『精神病理学総論　下』岩波書店、一九五六年、三八九頁）などと述べている。ヤスパースにとって訓練分析は、人間理性の自由を放棄し、「教義」に従属するための作業と見えた。なお、筆者は訓練分析そのものを批判する者では決してない（心理療法家にとって、自己の無意識と向き合うことは重要である）が、訓練分析（訓練分析家とのある意味、きわめて個人的な関係）を媒介して、精神分析コミュニティへの帰属がはじめて可能となるという体制を築き上げ、自由な独立した哲学精神を欠いた今日の精神分析のあり方に関しては、批判的である。

（16） ラカンはいう、「知を想定された主体は、それが端的に意味作用を口にするからには、いかなる者も逃れることはできないであろうものを知っていると想定されているのです」（Jacque Lacan, *Le Séminaire 11*, op., p. 228. 前掲、三四二頁）。

Ⅲ部

第七章　洞山——鏡像段階と悟り——

1. 過水の偈

洞山良价《とうざんりょうかい》（八〇七—八六九）は、道元の曹洞宗の淵源にある唐末の禅匠である（「曹洞宗」の「洞」は洞山、「曹」はその弟子の曹山《そうざん》から来ている）。洞山禅の静かで精密な哲学的風格は、道元に受け継がれているといわれる。この章では『景徳伝灯録』巻十五より、洞山の大悟体験を見ていきたい(1)。

洞山は潭州《たんしゅう》（今の長沙）の雲巌曇晟《うんがんどんじょう》（七八二—八四一）の下で何年か修行をおこなったが、いまだ大悟徹底できなかった。洞山は師の雲巌のもとを辞し、雲水行脚《あんぎゃ》の旅に出ることを決意した。雲巌はすでに高齢であり、ひとたびそのもとを辞すれば、もはや今生で会うことは期しえなかった。彼は雲巌にいった、「和尚の示寂《じじゃく》後、人に「和尚の肖像画を描くことができたか」と問われたならば、どう答えたものでしょう」「ここで「肖像画」（原語では「真《しん》」）という語には、師が悟った「真面目《しんめんもく》（真の自己の顔）」、禅の希求する「父母未生以前《ぶもみしょういぜん》の自己本来の面目」の意味が含まれている。つまり、「和尚の肖像画を描くことができたか」とは、「お前は師の悟りの境地を受け継ぐことができたか」ということ」。これに対して雲巌はいった、「人には、ただ「これこそがそれだ（即ち這箇《これ》こそ是れなり）」といいなさい」。洞山はその師の言葉を理解できず、黙り込んでしまった。すると雲巌はいった、「このことを了解するためには、努めて細心の注意をもって臨まなければならない（這《こ》箇の事を承当せんには、大いに須《すべか》らく審細なるべし）」。そのように言われても、洞山にはますますわけがわからなくなるばかりだった。その後、旅の途上、川を渡っているとき、洞山は水に映った自らの顔を見て、遂に雲巌によって「即ち這箇《これ》こそ是れなり」と直指《じきし》された「真」が何であるかを悟った。それは、まさに今、ここで、洞山が見ているもののことであった。このときの感激を詠《うた》ったものが、以下の「過水の偈」である。

切《せつ》に忌《い》む　他に従いて覓《もと》むることを、
迢々《しょうしょう》として我れと疎《そ》なり。
我れ今ま独自《ひと》り往《い》く、
処々《しょしょ》　渠《かれ》に逢うを得たり。
渠　今ま正に是れ我れ、

我れは今ま是れ渠にあらず。
応《まさ》に須《すべか》らく恁麽《かくのごと》くに会《え》して、
方《はじ》めて如如《にょにょ》に契《かな》うを得ん。

（決して自己以外のところに求めてはならない。そんなことをすれば、私からますます遠く離れていってしまう。／私は今、一人で行く。ところどころで彼に逢うことができた。／彼は今まさに私であり、私は今、彼ではない。／このように会得して、はじめて世界の真相に自己を相応させることができるのである。）

一人旅する洞山の心のどこかには、最後の会見のときの師の言葉「即ち這箇《これ》こそ是れなり」が、引っ掛かっていたにちがいない。あれは一体どういうことなのか。師は「這箇《こ》の事を承当せんには、大いに須《すべか》らく審細なるべし」と教えたが、一体どうすればよいのか。そして最後の会見のときの師の面影が、たえず彼の心に思い浮かんでいたにちがいない。そのときの師の言葉は、洞山にとって、師が自己に与えた究極の課題として受け取られていった。雲巌はラカンのいう「知を想定された主体」となっていたといえる。洞山は師の面影と言葉を繰り返し想起し、自らが逃れられえないもの、悟るべき真理に取り組んでいたのではないか。

「切《せつ》に忌《い》む　他に従いて覓《もと》むることを、迢々《しょうしょう》として我れと疎《そ》なり」。師のもとを辞した洞山は、もはや師の導きは得られない。雲巌に代わる師はなく、ひたすら自己の存在感覚を頼りに、探求を続けていくしかない。むしろ自己の存在感覚のなかにこそ、答えがある。そんな心境に達したのであろう。「我れ今ま独自《ひと》り往《い》く、処々《しょしょ》渠《かれ》に逢うを得たり」。「渠」とは、禅において悟るべき本来的自己のことである。洞山の場合、それは水面に映る自らの顔と向き合うことで明瞭に見出されたが、特に雲巌と別れて一人旅を続けるなかで、さまざまな形で感じ取られてくるようになった。それまでも水面に映る自らの顔を見て漠然と感じることもあったし、それ以外にもふとした瞬間、それは感じることがあった。それは自我違和的なものとして感じられ、「渠」と呼ばれた。そのような本来的自己の存在感覚が師の教示した「這箇《これ》」と明瞭に結びついたとき、洞山は大悟したと考えられる。

この洞山の体験には、ラカンのいう鏡像段階の再現が見られるように思われる。鏡像段階とは、生後六ヵ月から十八ヵ月の時期、子どもが運動調節能力の未完成の発達段階で、鏡像との同一化を通して、身体の統一性を先取り的に獲得する過程のことであるが、筆者はラカンの考えを一歩進めて、主体が鏡像と同一化する瞬間は、母の眼差しや声などの効果によって生成された自己の存在感覚が高騰する瞬間であると共に、言語活動へと主体が差し向けられ、自己執着・自己実体化が生起する端緒であると考える（第三章２参照）。通常、主体は鏡像段階の後、言語活動へと促され、自己実体化を強め、鏡像段階において頂点に達した自己の存在感覚はしだいに希薄化していく。それゆえに、その感覚は取り戻すべき本来的自己の存在感覚として、主体の目標となると考えられる。

「渠　今ま正に是れ我れ、我れは今ま是れ渠にあらず」。ここに洞山の大悟の論理が端的に表現されている。ここで「渠」とは、これまでも自我違和的な形で漠然と感じてきたものであり、今水面に映る自己の顔を指す語である。このとき自己の存在が尋常ではない強度で実感されたことに、注意する必要がある。母と一緒に鏡を見てはじめて自己の姿と出遭う子どものように、洞山は水面に映る自己の顔を見た。「渠　今ま正に是れ我れ」とは、鏡像との同一化の瞬間をいう。この瞬間、高騰する自己の存在感覚をもってながめる自己の顔こそが、雲巌が「即ち這箇《これ》こそ是れなり」と直指したもの、すなわち、禅の希求する「自己本来の面目」にほかならないことを会得した。このとき洞山の脳裏には、最後の会見のときの師の面影が鮮やかに浮かんでいたにちがいない。鏡像段階の子どもが母の眼差しと声に支えられるように、洞山は記憶のなかの師の眼差しと声に支えられ、鏡像との同一化において本来的自己の存在感覚の高騰を体験できたと考えられる。

そして「渠　今ま正に是れ我れ」は、「我れは今ま是れ渠にあらず」へと直ちに続く。これはどういうことか。鏡像との同一化の瞬間は、想像界において自己執着・自己実体化の起こる瞬間である。したがって、鏡像との同一化の瞬間、その同一化は否定されなければならない。その同一化とその否定は、同じ瞬間においてなされなければならない。これは、絶対無の動性、すなわち、絶対の静からの性起と絶対の静への還滅の一体的動性としての瞬間において、自己を発見することにほかならない。つまり、鏡像との同一化において自己性起を見出し、同時にその同一化の否定において自己還滅を見出すという仕方で、絶対無の動性としての瞬間において自己を発見するのである。このように自己を発見するためには、雲巌の注意したように、細心な注意が必要である。自己執着・自己実体化に陥ることなく、こうした発見を洞山がなしとげえたのは、彼がこれまで坐禅に真摯に取り組み、絶対の静に親しんできたからであると考えられる。

　実体として自己を捉えるのではなく、絶対無の動性として自己を見出すとき主体は、絶対の静を媒介して一切の存在が繋がり合う世界大の絶対無の動性のなかにはじめて自己を見出すことができる――これが「方《はじ》めて如如《にょにょ》に契《かな》うを得ん」の意味である――と考えられる。

2．消えた鏡像

『碧巌録《へきがんろく》』は雪竇重顕《せっちょうじゅうけん》（九八〇―一〇五二）の集めた公案百則とそれらに自ら付した頌《じゅ》が骨子となっているが、次の頌はやはり水面の鏡像を問題にしており、過水《かすい》の偈《げ》と響き合って、右の考察の裏付けとなってくれるように思われる。

聞見覚知《もんけんかくち》一一《いっいっ》に非ず
山河は鏡中の観に在らず
霜天月落ちて夜将《まさ》に半ばならんとす
誰か共に澄潭《ちょうたん》に影を照《うつ》して寒き《つめた》(2)
(感覚・知覚機能を通して捉えられるさまざまなものは、実はひとつひとつ独立して存在しているわけではない／眼前の山河は心のなかで構成されるイメージではない／霜の降りそうな空の月は落ちて、夜はまさに半ばとなる／さっきまで山並みと共に澄んだ池の面に姿を映して寒がっていて、今、その姿が水面から消えてしまっても、なおも寒がっている者は、いったい誰か)

ここでカントが『純粋理性批判』で精緻に展開した議論が想起される。カントによれば、対象構成は主体外部から来る感覚情報を用いて、主体内部でおこなわれる。そして主体外部の物自体の領域は、純粋理性による推論が不可能とされた。ラカン的に捉え直されるならば、カントの考える対象構成とは、言語活動によって構成されるもろもろのシニフィエ（イメージ）が、実体化された自己との関連性において、ひとつひとつ独立して実体化されるということであると考えられる。「聞見覚知一一非ず」とは、このように主体内部で対象を構成するというあり方を脱し、物自体の領域、すなわち現実界へと開かれた主体によって見られる世界の光景、すなわち一切の存在が絶対の静を媒介して繫がり合う世界大の絶対無の動性のことにほかならない。「山河は鏡中の観にあらず」とは、眼前の山河を対象化して見るのではなく、換言すれば、言語活動によってそのイメージを構成するのではなく、現実界に開かれて、山河そのものを見ることを教える語であると考えられる。

この雪竇《せっちょう》の頌《じゅ》は『碧巌録』第四十則の南泉普願《なんせんふがん》（七四八—八三四）の話に対して作られている。(3) その話はこうである。陸亘《りくこう》という人は常々、僧肇《そうじょう》のいう「天地と我れと同根、万物と我れと一体」が腑に落ちず、「奇怪」なものに思えており、そのことを南泉に漏らした。すると南泉は庭の一株の花を指差し、陸亘にいった、「近頃の人は、この一株の花を夢のように見ているのとかわらない（時人、此の一株の花を見ること、夢の如くに相似たり）」。

「天地と我れと同根、万物と我れと一体」とは、一切の存在が絶対の静を媒介して繫がり合う世界大の絶対無の動性のなかで自己を見出すということである。そこにおいて見る花の現前は、自己の現前と同様、底知れない神秘を帯びている。南泉は現実界のなかで眼前の花それ自体を見ている。しかし通常、世間のひとはそのように花を見ることなく、言語に執われ、実体化された自己との関係性において、「花」というシニフィアンが喚起するイメージを実体化して見ている。そのような花からはもはや現前の神秘は失われている。

この雪竇の頌の後半、寒々とした冬空の月が落ち、真夜中となる。最後の句でこの頌が描き出していた光景には、一人の人物がいたことがわかる。月は仏教ではよく、悟達した者の心境に喩《たと》えられる。月が落ちるまで月光に照らされ、水面に映っていたその人物の像は、まさにあの洞山が見た鏡像――本来的自己の存在感覚の高騰を伴って同一化される自己像――に相当するだろう。またここで月は、自己の悟境を弟子に伝えようとする師の雲巌の眼差しに相当するだろう。雪竇の頌の人物の像は、自然の風景(山河)とともに清澄《せいちょう》な池の水面――この池の清澄さは、悟境の清澄さを示唆するだろう――に映っていた。この人物は、山河の性起と繋がり合って性起するものとして、自己を見出していた。しかし今や、山河の像も自己像も共に消えてしまった。これは絶対の静への還滅を意味すると考えられる。ここで「誰か共に澄潭《ちょうたん》に影を照《うつ》して寒《つめた》き」と問われる。この問いは、自己像が消え去っても「寒い」という感覚を通して、依然として現前する自己へと注意を差し向けている。そして絶対の静のまっただなかで、自己性起を自己性起として見ることを教えようとしていると考えられる。洞山の過水の偈は、禅の歴史のなかで、この雪竇の頌と響き合い、よりたしかな意味をもつといえるだろう。

3. 自我体験と見性体験

洞山十歳頃の次のようなエピソードが伝わっている。以下、それがもっとも詳しく記録されている『祖堂集』巻六・洞山章を見ていきたい。(4) 洞山は幼少にして郷里の律宗《りっしゅう》の寺院で出家した。二年経ったころ、院主は彼に般若心経を唱えることを学ばせた。二日経たないうちにそれができるようになったので、院主は別の経典を唱えさせようとした。すると洞山「まだ心経もわかっていないのに、別のお経を唱えさせないでください」といった。院主が「上手に唱えることができているのに、どうしてわからないなどというのか」というと、洞山は「このお経のなかの一句がわからないのです」。院主が「どこがわからないのか」と訊くと、「洞山は「無《む》眼耳《げんに》鼻《び》舌身意《ぜっしんい》」がわからないのです。和尚、どうか私のためにお教えください」といった。これを聞いた院主はあっと言葉を失い、洞山の尋常の人ならざることを知り、直ちに彼を連れて五台山の五洩霊黙《ごえいれいもく》のもとへ行き、事情を説明して、彼を五洩に託した。

少年僧洞山は心経のなかの「無眼耳鼻舌身意」に出遭い、この語が彼の日頃疑問に思っていたこと、すなわち、自分が今、ここに特定の顔、姿かたちをもって存在するということに、なにか本質的な関連があるのではないかと、直観したのではないか。前思春期や思春期の子どもが、ふと、今、ここに自分というものが存在することに気づき、不可思議の感に打たれたり、不安になったりする体験を、心理学では「自我体験」と呼んでいる。(5) これはラカン的に捉えられるならば、次のようになるだろう。主体が去勢を経て象徴界に統合されていく過程の途上にあって、ある程度ロゴス（論理）の使用が可能となった時期、日々それと同一化している自我（鏡像段階において獲得された身体像を核にして、その後のさまざまな同一化を玉ねぎの皮のように重ねて構成されたもの）が客観化されて見えてくる。主体と自我とが截然《せつぜん》と区別され、主体と自我との同一性が疑問に付される。そして自我を客観的に見ている主体自身の存在そのもの、現実界における自己存在の本来性が、違和感や離人感のなかで問題化される。自我体験をラカン的に捉えるならば、このようなことになると考えられる。

自我体験には鏡像が関連するものがある。たとえば、心理学者の渡辺恒夫の報告する二十一歳女性が語った、彼女が小学校入学以前から小学校低学年の時期に体験したものは、こうである。「自分の声を自分で聞いて、自分がコントロールできる唯一の人間の姿を鏡で見て変な感じがした。いつもは私が映っていてあたりまえすぎて考えなかったけど、私が手を動かそうとすると動くし、声を出すと自分の声がでるし、自分の目をみつめて、他人のような、自分のような変な感じがした。もしかして鏡の中の自分は本当に生きているのかも、とか思ってじーっととまったり、いきなりすばやく動いたら、油断して私だけが動くんじゃないか、とか思ってやってみたりした」(6)。渡辺はこの事例に関して、「自分の身体が自分のものであるという、普段は自明のこととして了解されている事実に、突如、違和が発生する様子が描かれている」と述べている。ここでは鏡像段階における、鏡を前にした主体が鏡像（自我の核）に同一化する時点にさかのぼって、両者が別個の意志をもっているように感じられるという形で、その同一化が鋭く問題化されていると考えられる。

少年僧洞山は人一倍深い自我体験があったからこそ、心経のその語に引っ掛かったのではないか。洞山は禅の修行をするなかで、前思春期の不思議な自我体験の感覚を折にふれ甦らせ、現実界に触れつつ、本来的自己の存在感覚を醸成していたのではないか。特に師の雲巌と別れ行脚を続けるなかで、前思春期以来の自我体験が強く甦ってくるときが、さまざまな場面であったのではないか。「処々　渠に逢うことを得たり」とは、そのことを言っているように思われる。そして水に映る自己の顔を見たとき、前思春期以来、醸成されてきた本来的自己の存在感覚と、雲巌の言葉「即ち這箇《これ》こそ是れなり」とがぴったり符合する瞬間を体験したのではないか。これは、本来的自己の存在感覚が禅の歴史と結びつき、その歴史のなかで捉え直され高騰する瞬間であったと考えられる。

(1) 景徳伝灯録研究会編『景徳伝灯録5』禅文化研究所、二〇一三年、五七九頁以下。
(2) 入矢義高・溝口雄三・末木文美士・伊藤文生訳注『碧巌録　中』岩波文庫、一九九四年、一〇四頁。
(3) 前掲、九九―一〇〇頁。
(4) 柳田聖山編『祖堂集』中文出版社、一九七四年、一一七頁。
(5) 渡辺恒夫・高石恭子編『〈私〉という謎　自我体験の心理学』新曜社、二〇〇四年。渡辺恒夫『自我体験と独我論的体験　自明性の彼方へ』北大路書房、二〇〇九年。
（6）渡辺恒夫『自我体験と独我論的体験』、前掲、八三頁。

第八章　臨済——根源的主体性への眼差し——

1. 無位の真人

臨済義玄《りんざいぎげん》（？——八六七）は唐代末期のもっとも有名な禅匠の一人である。臨済の禅では喝《かつ》が多用され、古来「臨済将軍」といわれるように、その禅の風格は名将が馬上で三軍を叱咤《しった》するさまに喩えられる峻厳なものであった。まずよく知られた臨済の接化《せっけ》の場面のひとつを取り上げたい。

> 上堂。云く、赤肉団上《しゃくにくだんじょう》に一無位《むい》の真人《しんにん》有って、常に汝等諸人《しょにん》の面門《めんもん》より出入す。未だ証拠《しょうこ》せざる者は看《み》よ看《み》よ。時に僧有り、出でて問う、如何なるか是れ無位の真人。師、禅牀《ぜんじょう》を下って把住《はじゅう》して云く、道《い》え道《い》え。其の僧擬議《ぎぎ》す。師托開《たっかい》して、無位の真人是れ什麼《なん》の乾屎橛《かんしけつ》ぞ、と云って便《すなわ》ち方丈《ほうじょう》に帰る。(1)

（上堂して言った、「この肉体には無位の真人がいて、常にお前たちの顔から出たり入ったりしている。まだこれを見届けておらぬ者は、さあ見よ！　さあ見よ！」。その時、一人の僧が進み出て問うた、「その無位の真人とは、いったい何者ですか」。師は席を下りて、僧の胸倉をつかまえて言った、「さあ言え！　さあ言え！」。その僧はもたついた。師は僧を突き放して、「なんと〔見事な〕カチカチの糞の棒だ！」と言うと、そのまま居間に帰った）。

「赤肉団《しゃくにくだん》」とは、現実界に属する物自体としての身体のことであると考えられる。この語でもって脚下の現実界が直指《じきし》される。「常に汝等諸人の面門《めんもん》より出入《しゅつにゅう》す」とは、呼吸のことをいうのではないかと思われる。というのは、禅の言説において「鼻孔《びくう》」は、悟るべき「自己本来の面目」の意味で用いられることがあるからである。たとえば、臨済の言行を語る『碧巌録』第三二則の著語《じゃくご》（評語）に「未《いま》だ免れず鼻孔《びくう》を失却《うしな》うことを(2)（そんなことでは肝心の自己本来の面目を失ってしまうぞ）」とあるが、この「鼻孔《びくう》」はその意味である。「出入《しゅつにゅう》」は息が鼻の孔を出入りすることであり、物自体としての身体のリアルな活動である。坐禅において主体は、息を吐くときは還滅の動性に自己を相応させており、息を吸うときは性起の動性に自己を相応させている（第五章4参照）。「真人」とは、このような呼吸を通して、現実界のなかで一瞬一瞬の性起と還滅の一体的動性として捉えられる自己存在のことであると考えられる。「無位の真人」の「無位」とは、象徴界におけるいかなる自己規定、位置づけからも免れているという意味であると考えられる。

「常に汝等諸人《しょにん》の面門《めんもん》より出入す」とは、現実界における主体の主体性のことであり、西谷啓治の言い方を借りれば、「根源的主体性」のことであろう。西谷は自己存在の根底を底なきものと考え、「立脚すべき何ものも無い所に立脚する故に生も生なのである」(3)という。「立脚すべき何ものも無い」とは、そこにおいて自己が何者かとして規定される場（象徴界）に存在しないということである。根源的主体性とは、「無形無相、無根無本、無住処にして活潑潑地《かっぱつぱっち》なり」(4)（姿かたちなく、何によっても根拠づけられず、どこか決まった場所にあるのでもなく、魚が跳ねまわるように元気よく活動している）といわれる、現実界における〈いのち〉の躍動といってもよいだろう。臨済が目前の僧たちを見る眼差しは、彼らがなんらかの自己規定をおこなう以前の主体性、すなわち、根源的主体性に注がれている。臨済は、彼が弟子たちにおいて見ているとおりの根源的主体性を、彼らが見ること――自己存在の本来性を自覚すること――を教えていると考えられる。

一人の僧が進み出て「如何なるか是れ無位の真人」と問う。それに対して狂暴ともいえる臨済の接化《せっけ》。しかしその僧は千載一遇の悟りのチャンスを逃してしまったようだ。このときおそらく怒気を帯びて臨済の発した「無位の真人是れ什麽《なん》の乾屎橛《かんしけつ》ぞ」について考えてみたい。これは「今や無位の真人は乾屎橛《かんしけつ》に成り果ててしまった」という憤慨であり慨嘆である。糞便は、臨済禅、ひいては禅一般の本質を考える上で、重要な手掛かりになると思われる。

糞便は、乳房、眼差し、声と共に、対象ａ（失われた現実界的対象であり、失われた享楽を想起させるもの）の代表である。糞便はいわゆる肛門期、トイレット・トレーニングの時期、主体の関心を強く惹く対象となる。この時期、幼児は（多くの場合）母に励まされ、適切な場所で排泄をおこなうことを要求され、うまくできれば母に褒めてもらうことになるが、その際、括約筋《かつやくきん》の緊張の解放に伴う排便時の腸壁に生じる感覚が、母の肯定的な言葉や態度――それは眼差しや声にあらわれる――とわかちがたく結びつき、享楽をもたらす。そして幼児は以前の享楽を想起しつつ、括約筋を意識して用い、便意を堪え、排便をコントロールするようになる。ところで、乳房や眼差しや声が〈他者〉に属するのに対し、糞便は主体自身に属している。排便の享楽は最初、〈他者〉の肯定的な言葉や態度とわかちがたく結びついているが、しだいに〈他者〉の重要性が消え去り、享楽をもたらすものは自己が所有しており、享楽は自己自身で生み出すことができると思うようになる。

「無位の真人」の問答で臨済は、誤解を怖れずにいうならば、悟りの境地を排便がもたらす享楽に喩えていたのではないか。臨済は「屙屎送尿《あしそうにょう》、著衣喫飯《じゃくえきっぱん》、困《つか》れ来たれば即ち臥す[5]（大小便をし、着物を着て食事をし、疲れたら寝る）」日常性において、禅を体験することを教える。進み出て「如何なるか是れ無位の真人」と問うた僧は、臨済に胸倉を摑まれて「道《い》え道《い》え」と迫られたが、このとき僧には、臨済が今ここで眼前の僧において見出している「無位の真人」を、僧自身が見出し、それを表現することが求められていた。しかし彼にはできなかった。臨済はそんな僧に今度は「乾屎橛《かんしけつ》（乾いた棒状の糞便）」を見た。乾屎橛とは、排便の享楽の瞬間がもはや遠く過ぎ去ったことを示す物体である。臨済は、禅の悟りのチャンスを手の届かない遠くに逃してしまった僧を、そのような乾屎橛に喩えたと考えられる。

2. 強迫症の根源的幻想と禅の悟り

対象aは、第四章4で見たように、神経症的主体をその根底で支える根源的幻想を構成する不可欠の要素である。根源的幻想には、ヒステリーの根源的幻想と強迫症の根源的幻想がある。禅に関連するのは、後者であると思われる。強迫症の根源的幻想において主体は、去勢を否認し、対象aを自己自身が所有していると思う。その幻想はS◇aと表示される（Sは去勢されていない、自己完結的な主体）。この幻想における対象aは、主体自身に属するものとして、糞便の形式をもつ。Sは、享楽をもたらすものは自己が所有しており、享楽は自己自身で生み出すことができると信じる主体、トイレット・トレーニングの頃の心理を反映する主体である。

ラカンは精神分析の目標を「根源的幻想の横断」と考えた。ここで禅の悟りについて考えてみよう。禅は自己の外に超越者を立てず、自己の内に本来備わっている仏性を自己自身で見出すこと――これが悟りである――を要《かなめ》とする。禅の悟りとは、強迫症の根源的幻想を媒介し、これを横断することによって現実界に出て、そこにおいて絶対無としての自己（本来的自己）を自覚し、仏教的真理をわがものとすることではないだろうか。臨済はいう。

如今《いま》の学者の得ざるは、病甚《やまいなん》の処にか在る。病は不自信の処に在り。汝若し自信不及《じしんふぎゅう》ならば、即便《すなわ》ち忙忙地《ぼうぼうじ》に一切の境に徇《したが》って転じ、他《か》の万境に回換《えかん》せられて、自由を得ず。汝若し能く念々馳求《ちぐ》の心を歇得《けっとく》せば、便ち祖仏と別ならず(6)

（このごろの修行者たちが駄目な、その病因はどこにあるのか。その病因は自らを信じきれぬ点にあるのだ。もし自らを信じきれぬと、あたふたとあらゆる現象についてまわり、すべての外的条件に翻弄されて自由になれない。もし君たちが外に向かって求めまわる心を断ち切ることができたなら、そのまま祖仏と同じである。）

自己の内に仏性が本来備わっていると信じることは、仏の悟りへの手がかり（失われた享楽を想起させるもの、対象a）を自己自身が所有しているという幻想、すなわち、強迫症の根源的幻想によって支えられることではないか。もちろん「自らを信じること」は直ちに悟りではない。しかしこの幻想を媒介して、現実界へと出る道が主体に開かれる。こうして現実界に出た主体は、そこにおいて仏祖が教えるような存在の根源相を体験的に会得することができる。これが禅という方法で仏教的真理に達する道であると考えられる。臨済がまず「自らを信じること」を強調する所以である。また臨済はいう。

大徳、什麽物《なにもの》をか覓《もと》む。現今目前聴法《げんこんもくぜんちょうぼう》の無依《むえ》の道人《どうにん》は、歴歴地《れきれきじ》に分明《ふんみょう》にして、未だ曾《か》つて欠《かん》少《しょう》せず。你若《なんじも》し祖仏《そぶつ》と別ならざらんと欲《ほっ》得すれば、但《た》だ是《かく》の如く見て、疑誤《ぎご》することを用いざれ。(7)

(諸君は一体何を求めているのか。今〔わしの〕面前で説法を聴いている〔君たち〕無依の道人は、明々白々として自立し、何も不足なところはない。君たちが祖仏と同じでありたいと思うならば、こう見究めさえすればよい。思いまどう必要はない。)

ここで臨済は、彼自身の側で本来的自己の存在感覚を生き生きと甦らせつつ、現実界のなかで目前の僧たちを見ていると思われる。臨済にとって自己自身と僧たちは、繋がり合って性起するものとして見られている。臨済は僧たちにおいて「無依の道人」、すなわち、「無位の真人」と同様、彼らが未だ自覚していない、一瞬一瞬の性起と還滅の一体的動性を見ている、換言すれば、彼らの根源的主体性を見ている、また換言すれば、彼ら自身に本来備わる仏性の顕現を見ている。

臨済は、僧各人がそれぞれ仏性を持つこと、彼らの自己完結性（「欠少せず」）を、もはや幻想としてではなく、真理として見ている。彼らがこの真理を会得するには、「疑誤」しないこと、すなわち、自己完結性の幻想（強迫症の根源的幻想）を媒介することを、臨済は薦《すす》めていると考えられる。彼らは臨済の確信に充ちた強い言葉に聞き入りつつ、臨済の強い眼差しのなかに本来的自己の存在感覚を見出すことになる。臨済は彼らにその感覚をわがものにしていくことを求める。これが臨済の教化であったと考えられる。

3. 普化

臨済は、河西の洪州《こうしゅう》（南昌《なんしょう》県）の黄檗希運《おうばくきうん》に師事し、その印可《いんか》を受けた後、河北の鎮州《ちんしゅう》（正定《せいてい》県）に赴き、臨済院の住持となった。教化活動を開始したとき、臨済は当地にいた普化《ふけ》という人物と出遭う。『臨済録』には、「師出世《しゅっせ》するや、普化、師を佐賛《ささん》す。師住《じゅう》すること未《いま》だ久しからざるに、普化全身脱去《ぜんしんだっきょ》す(8)（師が臨済院の住職になると、普化が師を補佐した。しかし師が住職となって程なく、身ごと蟬脱《せんだつ》してしまった）」とある。普化は奇行の浮浪僧であった。普化が臨済を補佐したとされる期間はわずかであり、彼はまもなく道教の尸解仙《しかいせん》のように消えていったとされるが、その影響はある意味、臨済禅の核心にかかわる程のものであったことを、『臨済録』の右の記述は示唆しているといえる。

普化は盤山宝積《ばんざんほうしゃく》（生没年不詳）に師事した。『祖堂集《そどうしゅう》』の巻十五・盤山章に次のような逸話がある。[9] 盤山がその遷化《せんげ》にあたって、弟子たちに彼の肖像画を描ける者がいるかと問うたところ（禅では師の肖像画を描くことには、師の禅を受け継ぐという意味がある）、普化が名乗り出て、そのまま逆立ちして出ていった（「倒行《とうこう》して出ず」）。盤山曰く「我れ、汝《なんじ》這般《かよう》なる底《もの》を著《お》く可からず。向後《のち》、別処に去《ゆ》きて風顚《ふうてん》を打《た》し去也《さらん》（お前のような奴を、わしのところに置いておくわけにはゆかない。今後お前は他所《よそ》へ行き、瘋癲《ふうてん》をやっていくだろう）」。しかし『景徳伝灯録《けいとくでんとうろく》』の巻七・盤山章では、同様の逸話（普化がその場を立ち去る様子は、「筋斗《きんと》（とんぼがえり）」となっている）の最後の盤山の言葉は、「這《こ》の漢、向後《のち》に風狂の如くにして人を接《みちび》き去らん[10]（こいつはいずれ風狂を装って人を教化していくにちがいない）」であり、普化はすでに「風狂の禅者」として理想化されている。

『臨済録』には、臨済と普化の交流の逸話が幾つか描かれている。たとえば、普化が臨済院に勝手に入り込んできて、僧堂の前で生野菜を食べていて、臨済が[11]「大いに一頭の驢《ろ》に似たり（驢馬そっくりだな）」というと、普化は驢馬の鳴き声を立てたという。普化はいつも街頭で鈴を振って奇妙な歌を歌っていたが、そのときの逸話は本節で立ち入った検討をしてみたい。最期、普化は街の人に直綴《じきとつ》を乞い、臨済が棺を与えると、それを担いで北門外に行き、自ら棺に入った。街の人が開けてみると空《から》っぽで、空中に遠ざかる鈴の音が隠隠《いんいん》と聞こえたという。[12]『臨済録』は語る。

因《ちな》みに普化、常に街市に於いて鈴を揺《ふ》って云く、明頭《めいとう》に来たれば明頭《めいとう》に打《だ》し、暗頭《あんとう》に来たれば暗頭《あんとう》に打《だ》す。四方八面に来たれば旋風もて打《だ》し、虚空に来たれば連架《れんか》もて打《だ》す、と。師、侍者をして去《ゆ》いて、纔《わずか》に是《かく》の如く道《い》うを見て、便《すなわ》ち把住《はじゅう》して云わしむ、総に与麼《よも》に来たらざる時は如何《いかん》。普化托開《たくかい》して云く、来日大悲院裏《だいひいんり》に斎《とき》あり。侍者回《かえ》って師に挙似《こじ》す。師云く、我れ従来這《こ》の漢を疑著《ぎじゃく》す。(13)

（普化はいつも街頭で鈴を鳴らしてこう唄っていた、「それが明で来れば明で始末し、暗で来れば暗で始末する。四方八方から来れば旋風《つむじかぜ》のように応じ、虚空から来れば釣瓶《つるべ》打ちで片付ける」と。師は侍者をやって、普化がこう言っているところをつかまえて言わせた、「そのどれでもなく来たらどうする」。普化はかれを突き放して言った、「明日は大悲院でお斎《とき》にありつけるんだ」。侍者が帰って報告すると、師は言った、「わしは以前からあの男は只者ではないと思っていた」。）

これに相当する逸話が『祖堂集』巻十七・普化章にある。(14) 普化は暮れには「塚間《ちょけん》」（墓場）で、朝には「城市《じょうし》」（街頭）で鈴を振って歌っていた、「明頭に来るも也《ま》た打し、暗頭に来るも也《ま》た打す」。ある日、臨済は侍者に普化を摑まえさせ、「明ならず暗ならざる時は作摩生《いかん》（明でもなく暗でもないときはどうだ）」と問わせた。すると普化曰く「来日大悲《だいひ》院裏《いんり》に斎あり」。侍者がこのことを報告すると、臨済は歓喜して曰く「作摩生《いかんが》見《まみ》えんことを得べき（どうにかしてこの男に会うことができないものか）」。『景徳伝灯録』巻十・普化章の記述は、この『祖堂集』とほぼ同じだが、最後の箇所、侍者が報告し臨済が感嘆の言葉を述べる件《くだり》がない[15]。

ところで、精神医学者の加藤敏は、精神病ではない主体が他の精神病的主体の「狂気を主体の真理にとって密接不可分な次元として、理論のうちに取り込む布置をもった思想」を「狂気内包性思想」と呼ぶ[16]。加藤はルソーを取り込んだカント、ヘルダーリンを取り込んだハイデッガー、そしてシュレーバーを取り込んだラカンを考えている。臨済禅もまた狂気内包性思想の系譜に属するものではないか。以下、次の二点、（1）謎めいた歌、（2）「托開《たくかい》」（突き放す動作）に着目し、普化が精神病者である可能性と、もしそうだとしたら、普化の狂気が臨済禅の成立にどのように関わっているかについて考察したい。

（1）謎めいた歌

まず「明」と「暗」の対比に注意したい。『祖堂集』および『景徳伝灯録』では「明」と「暗」の対比が、「城市」と「塚間」の対比（『祖堂集』ではさらに「朝」と「暮」の対比）と響き合うような記述がされているが、『臨済録』では「明」と「暗」の単純な対立（プラスとマイナス）

がいわれているだけである。禅門では従来、「明」を「差別」、「暗」を「平等」として解釈してきた。[17] 筆者は従来の解釈を踏まえつつ、ラカン的に捉えてみたい。「明」は象徴界、「暗」は現実界――そこには「裂け目がない」[18]、すなわち、そこは一枚であって差別が見られない――と考えられる。象徴界の基本単位は対立する二つのシニフィアンである（第三章1参照）。普化の歌の「明」と「暗」は、象徴界全体とその外部の現実界をそれぞれ指し示すシニフィアンであり、根源的なシニフィアンの対といえるのではないか。ここで「暗」は、象徴界のなかに回収され言語化された、観念としての現実界を喚起するシニフィアンであり、現実界そのものはそこにはないことに注意する必要がある。

では、「明頭来明頭来、暗頭来暗頭来」とはどういうことか。このことは普化を精神病者として見ることによって、あきらかになると思われる。ラカンはいう、「神経症者がランガージュに住んでいるとすれば、精神病者はランガージュによって住まわれ、所有されているのです」[19]。神経症者は象徴界に統合され、そこに住んでいるかぎり、象徴界をその外部、現実界から体験的に捉えることは通常できない。一方、精神病者は〈父の名〉を排除し、象徴界に統合されておらず、現実界に置かれている。精神病者にとって象徴界は外部にあり、彼を乗っ取り所有する怖ろしい不可解な〈他者〉として体験される。臨床の現場で精神病者から「盗聴されている」とか「組織に監視されている」とかなどといった妄想を聞くことがあるが、これはこのような〈他者〉の体験を表現しているといえる。普化は、主体の外部から象徴界が押し寄せ、主体を乗っ取り所有しようとする事態のなかに置かれていた。そして象徴界に一旦乗っ取られた普化は、その象徴界の内部で、「明」に対しては自己が「暗」となって「明」を否定し（「明頭来明頭来」）、「暗」に対しては自己が「明」となって「暗」を否定し（「暗頭来暗頭来」）、そうして繰り返し象徴界を粉砕して、自己の解放をおこなっていたと考えられる。

『臨済録』の普化の歌には、「四方八面来、旋風打」および「虚空来、連架《れんか》打」が付け加わっている。「四方八面」とは前後左右と八方、水平面の秩序のことである。「四方八面来」とは、象徴界がドーナツ状となり、その空洞に現実界の主体を取り囲んだ事態のことである。そして「旋風打」とは、自己を取り囲むその象徴界をぐるっと「打って」蹴散らすことを意味すると考えられる。「虚空」は、「連架（麦や豆を打って脱穀するときに使うからさお[20]）」で打つとあることから、単純に「四方八面」に上下方向を加えた三次元空間（三次元的に秩序づけられた、通常われわれの暮らす生活空間）のことであるとも受け取れるが、さらに禅的に深読みすることも可能な語であると思われる。たとえば、『玄沙広録《げんしゃこうろく》』にはこうある。「心心木の如く石の如くし去り、久久に縁を忘じ去り、善悪の思量を起こす莫《な》く、一切如上《にょじょう》にし去り、人の路に迷えるが如くし去り、虚空の如くし[21]（心を木石の如くにし、やがては対象との関わりは失《う》せて、善悪の思いを起こさず、一切あるがままにあらしめ、道に迷った人のようになり、虚空のような心になる）」。ここで「虚空」は、象徴的な秩序のなかでの位置づけ関係づけを失い（「路に迷える」）、物自体となった主体が自己を見出す場、すなわち、現実界を喩える語となっている。普化の歌の「虚空」の意味するところは、これと同様であると取ることもできよう。「虚空来」とは、現実界において象徴界の襲来が体験されるということである。そして「連架打」とは、自己を乗っ取り所有した象徴界をその内側から粉砕して自己を解放した主体が、今度は現実界のなかで再び襲来する象徴界を、外側から「打って」粉砕することを意味すると考えられる。

普化が通常の精神病者と違う点は、外部の怖ろしい〈他者〉として体験される象徴界に圧倒され凌駕されることなく、それを逆に見据え、「打つ」と繰り返し、それと闘っていたこと（あるいはそれと戯れていたのだろうか）にある。彼は外部の象徴界との関係性のなかで彼独自の仕方で、主体性を生きていたのではないか。その主体性は、現実界を生きる主体の主体性であり、根源的主体性の典型といえるものであると思われる。

（2）托開

臨済は侍者を介して普化に「総に与麼《よも》に来たらざるときは如何《いかん》」と問うた。四方八方から来るのでもなく、上下から来るのでもないとしたら、どこから来るのか。ここで臨済は象徴界において定位が不可能な場、すなわち、現実界を問題にしている。普化はこの問いを聞くや否や間髪を入れず、この問いを突き返すように、激しく侍者を托開《たっかい》した（突き放した）。これはどういうことか。臨済の問いにおいて、現実界は「不可能なもの」[22]として、象徴界の立場から捉えられていた。そのような臨済の問いを代わりに問うた侍者は、象徴界の立場に立っている。普化の托開は、外部から彼を乗っ取り所有しようとやって来る象徴界に対していつも彼が用いている「打つ」を、そのような侍者に適用したものであったと考えられる。

托開した後の普化の「来日大悲院《だいひいん》裏に斎《とき》あり」という語は、その托開によって彼を乗っ取り所有しようとする象徴界から自己を守り、何事もなかったかのように、現実界において欲動を生きる主体を立ち上げたことを示唆する[23]。欲動とは本来、現実界（主体の生物的身体的基盤）に由来し、通常言語活動のなかで対処され統御されるものである。神経症的主体＝言語活動の主体はその根底において根源的幻想によって支えられており、精神分析はその横断を目指すが、その横断が果たされたとき、主体は現実界において欲動を十全に生きることができるとされる（第四章4参照）。普化は神経症者と異なり、日常、現実界を悠々と生きている。「来日大悲院裏に斎あり」は、そんな彼の日常性の表明であると考えられる。

普化は日々外部の象徴界と対峙し、これと闘い（あるいは戯れ）、根源的主体性を生きていたが、これは普化が尋常ならぬ強靭な精神の持ち主であったことを示唆する。日々尋常ならぬ強靭な精神力をもって、現実界における主体の立ち上げを持続していた普化だったからこそ、臨済の問いに対して間髪を入れず、托開でもって反応し、根源的主体性を鮮烈に示しえたといえる。侍者の話を聞いた臨済は、彼自身が突き飛ばされる思いを味わい、普化によって生きられる根源的主体性、「活潑潑地《かっぱつぱっち》」といわれる〈いのち〉の躍動に触れたと感じたのではないか。このことが臨済に深い感銘を与えたのではないだろうか。

ここで普化の遷化《せんげ》について考えたい。普化は尸解仙《しかいせん》となったとされるが、このことに象徴的に窺われるように、彼は道教の理想を体現している面がある。菩提達磨《ぼだいだるま》もまた尸解仙となったとされる。『祖堂集』巻二・菩提達磨《ぼだいだるま》章にはこうある。[24] 入滅の三年後、魏《ぎ》の国使の宋雲《そううん》が西域に使いしての帰途、片方の履《くつ》をぶらさげた達磨に出遭った。帰ってから達磨の葬られた塔を開いてみると、ただ片方の履があるだけだった。道教は儒教と並んで、中国人の精神風土の基層を構成するもののひとつであるといえる。達磨にみられる尸解仙の表象は、外来の仏教が中国人の精神風土の基層において受容され、そうして禅として主体化され立ち上がったことの指標となっているのではないか。またその精神風土の基層は、普化のような社会的逸脱者を受容し同化し、そうして理想化・聖化するものであって、普化の狂気のふるまいは、そのような風土に根差して生きる臨済の心の核心に触れ、彼の禅を成立させる上で決定的な寄与を果たすことになったのではないだろうか。

4. 臨済禅に同化された普化

臨済の接化《せっけ》において、托開《たくかい》する動作が重要な機能を果たすことがある。先に取り上げた「無位の真人」の接化でも托開が用いられていたことに注意されたい。この接化は失敗に終わったが、托開を用いた接化の成功例の典型といいうるものはこうである。それは臨済を嗣《つ》いだ定上座《じょうじょうざ》の例である。

定上座というもの有り、到り参じて問う、如何なるか是れ仏法の大意。師、縄床《じょうしょう》を下り、擒《きん》住《じゅう》して一掌《いっしょう》を与えて、便《すなわ》ち托開《たくかい》す。定、佇立す。傍僧《ぼうそう》云く、定上座《じょうじょうざ》、何ぞ礼拝《らいはい》せざる。定、礼拝《らいはい》するに方《あた》って、忽然《こつねん》として大悟す。[25]

（定上座が参見にやって来て問うた、「仏法の根本義を伺いたい」。師は坐禅の椅子から下り、胸倉をつかんで平手打ちを食わせてから突き放した。定上座が茫然と立っていると、そばの僧が言った、「定上座、なぜ礼拝なさらぬ」。そう言われて定上座は礼拝したとたん、はたと悟った。）

臨済は定上座の胸倉を摑み平手打ちを喰らわせることによって、定上座の言語活動を粉砕し、直ちに托開することによって、彼を現実界のまっただなかに突き入れた。定上座は傍らの僧にいわれて形式的に礼拝をおこなった。すると彼は実際に大悟に到った。この僧の声かけは、なにごとが起こったのか途方に暮れ、茫然としていた定上座にとって一条の光となり、彼を大悟へと導いた。この僧は彼に礼拝をさせ、その礼拝の行為を通して、彼に師の托開をわがものとさせ、現実界を生きる根源的主体性を自覚させようとしたと考えられる。その自覚こそが、彼の問い求めた仏法の根本義にほかならない。ここでの臨済の托開に、あの普化の托開の反映を見ることができる。臨済は普化に突き飛ばされる思いを味わい、普化によって生きられる根源的主体性に触れたと感じた、その自らの体験と同じ体験を定上座にも体験させ、定上座に彼自身において根源的主体性を自覚させようとしたと考えられる。

『碧巌録』第三十二則に、定上座のこんな逸話が紹介されている(26)。定上座は師の臨済亡き後、道で、巌頭《がんとう》、雪峰《せっぽう》、欽山《きんざん》の三人の禅僧と出会った。彼らは臨済のところに行く途中であった。臨済が遷化《せんげ》したことを知ると、巌頭が在りし日の臨済の言葉をひとつふたつなりとも聞かせてくれるように、定上座に乞うた。定上座は例の「無位の真人《しんにん》」の段を語った。巌頭は恐れ入って舌を出したが、欽山がいった、「何《なん》ぞ無位の真人《しんにん》に非《あら》ずと道《い》わざる（どうして無位の真人にあらずといわないのだ）」。すると定上座は激昂し欽山の胸倉を摑んで、「無位の真人と無位の真人に非ざると相去ること多少《いくばく》ぞ。速やかに道《い》え速やかに道《い》え（無位の真人と非無位の真人とではどれだけの差異があるのか。さあ、言ってみろ、言ってみろ）」と凄まじい気迫で迫った。そう凄まれて欽山には返す言葉もなく、彼は青息吐息の呈であった。結局、巌頭《がんとう》と雪峰《せっぽう》の丁重なとりなしによって、ようやく定上座の怒りは収まった。

欽山の問い「何ぞ無位の真人に非ずと道わざる」の背景には、次のような禅の歴史がある。馬《ば》祖《そ》道一《どういつ》（七〇九―七八八）は最初、「即心即仏（心がそのまま仏である）」という言い方で教えていたが、後に「非心非仏（心でもなく仏でもない）」という言い方に変更した[27]、という禅の歴史である。この変更の理由は、「即心即仏」という言い方では、それが通常の言語活動のなかで受け取られ、主体自身の心＝仏に対する執着・実体化が起こってしまいがちだから、ということだったと考えられる。実体化された主体自身の心＝仏とは、強迫症の根源的幻想におけるＳ（去勢されていない、自己完結的な主体）にほかならない。禅の悟りが強迫症の根源的幻想の横断という形を取るとするならば、Ｓは否定されなければならない。すなわち「非心非仏」である。「無位の真人」という語が臨済によって語られた場――その場に居合わせた定上座らは根源的主体性の躍動を見たことだろう――から引き離され、通常の言語活動のなかで受け取られるならば、その語は強迫症の根源的幻想のＳを意味し、否定される必要があることになる。欽山がどれだけの覚悟をもって、「何ぞ無位の真人に非ずと道わざる」と問うたのかは定かでない（定上座に凄まれて青息吐息になった様子から察すると、おそらくそれほどの覚悟があったわけではないだろう）が、彼の問いは一応的《まと》を射ている。では、なぜ定上座は激昂したのか。彼の激昂は、「無位の真人」の語が通常の言語活動において受け取られたことに対する情動反応である。その情動反応は、まさに定上座が生きようとしている「無位の真人」そのものの反応、根源的主体性の発動であり、臨済禅の本領を発揚したものであると考えられる。「臨済の機を用いて也《ま》た不妨《なかなか》に顛脱《ぬきんで》たり(28)（臨済の機鋒を用いて他に抜きん出ていた）」といわれる定上座の面目躍如であったといえる。こうした定上座の反応にも、あの普化が教示してくれた根源的主体性が生きていることが窺える。臨済禅は、日々尋常ならぬ強靭な精神力をもって象徴界と闘い（あるいは戯れ）根源的主体性を生きていた普化の狂気を、その中核に取り込み同化することによって成立したと考えられる。

（1）『臨済録』、前掲、二〇―二一頁。
（2）『碧巌録　中』、前掲、二五頁。
（3）西谷啓治『西谷啓治著作集1』（創文社、一九八六年、三頁）。また鈴木大拙によれば、臨済は「人《にん》の思想」を完成させたという（『鈴木大拙全集3』岩波書店、一九六八年）が、大拙が「人」の語でもって指し示そうとするものは、現実界における主体の主体性のことであると思われる。大拙によれば、臨済は「人《にん》を人《にん》として露堂堂《ろどうどう》たらしめ」、「現前の活人《かつにん》を活人《かつにん》として把握する」ことを徹底して説いた（前掲、四三一―四三二頁）。
（4）『臨済録』、前掲、六一頁。
（5）前掲、五〇頁。
（6）前掲、三三頁。
（7）前掲、八〇―八一頁。
（8）前掲、一九四頁。
（9）『祖堂集』、前掲、二八三頁。この文献からの引用の訓読は、筆者がおこなった。
（10）入矢義高監修『景徳伝灯録3』禅文化研究所、一九九三年、四〇頁。
（11）『臨済録』、前掲、一五七頁。
（12）前掲、一七五―一七六頁。
（13）前掲、一五七―一五八頁。
（14）『祖堂集』、前掲、三二一頁。
（15）入矢義高監修『景徳伝灯録4』禅文化研究所、一九九七年、一四〇頁。
（16）加藤敏『創造性の精神分析　ルソー・ヘルダーリン・ハイデガー』新曜社、二〇〇二年、二二六頁。
（17）柳田聖山によれば、従来、「明」は「差別」、「暗」は「平等」として捉えられてきたが、この「明」と「暗」の解釈は難しく、臨済が使者に「総に与麽《よも》に来たらざる時は如何《いかん》」と問わせているところを見ると、相手（問う者）の出方（「明」で来るとか、「暗」で来るとか）をいったもののようであるという（『柳田聖山集4』法藏館、二〇一七年、四五〇頁）。つまり「明頭来明頭打、暗頭来暗頭打」は禅問答のことを歌ったものだというのである。

(18) Jacque Lacan, *Le Séminaire 2*, op., p. 122. 前掲、『上』一六二頁。
(19) Jacque Lacan, *Le Séminaire 3*, op., p. 284. 前掲、『下』一五八頁。
(20) 『柳田聖山集4』法藏館、前掲、四五〇頁。
(21) 入矢義高監修『玄沙広録 下』禅文化研究所、一九九九年、一三三―一三四頁。
(22) Jacque Lacan, *Le Séminaire 11*, op., p. 152. 前掲、二二一頁。
(23) 鈴木大拙はいう、「『大悲院裏有斎』は絶対の一句である、人それ自体が相手に囚えられないで働き出たところである。臨済の『総不与麽来』はこの人をして赤裸裸のままに立たさしてみたかったのである」(『鈴木大拙全集3』、前掲、四〇六頁)。
(24) 『祖堂集』、前掲、三八頁。
(25) 『臨済録』、前掲、一六九頁。
(26) 『碧巌録 中』、前掲、二七―二八頁。
(27) 入矢義高編『馬祖の語録』禅文化研究所、一九八四年、六八頁。
(28) 『碧巌録 中』、前掲、二七頁。

第九章　倶胝・南泉・巌頭——言語活動の根源相——

1．道い得ば即ち笠子を拈下らん

倶胝《ぐてい》（俗姓不明）と南泉普願《なんせんふがん》（七四八—八三四）。ふたりは共に刃物を用いた流血沙汰の接化をおこなったことで、よく知られる。倶胝は童子の指を切断したし、南泉は猫を斬り殺した。もちろん現在ではこのような接化は許されないが、これらの話は公案となって伝承され、数知れない禅僧によって参究されてきたものである。それらの話には深い禅的な意味があるはずである。その意味とはどのようなものだろうか。

倶胝はどんな問いに対しても、ただ一指を竪《た》てることでもって応えたことで知られる。まず倶胝がどのように悟りを開き、一指頭禅が生み出されたかを、『景徳伝灯録』巻十一よりみていこう(1)。倶胝がはじめて庵に住んだ頃のこと、実際尼《じっさいに》と名乗るひとりの尼僧（年恰好記載なし）が庵に来た。彼女は笠を被り錫杖《しゃくじょう》をもったまま、挑戦的な態度で三回倶胝の周囲を廻り、「道《い》い得ば即ち笠子《かさ》を拈下《と》らん（お前が悟りの境地を提示できたら、笠を脱ごう）」と三度いった。しかし倶胝はそれに答えることができなかった。立ち去ろうとする尼に倶胝が、日が暮れたから一晩泊まっていくようにというと尼はいった、「道い《い》得ば即ち宿らん（お前が悟りの境地を提示できたら、泊まっていこう）」。倶胝は答えることができず、尼は去った。彼は「我れ丈夫《じょうぶ》の形に処《よ》ると雖《いえど》も、丈夫の気無し（男の姿はしているが、男の気概がない）」と嘆き、修行の旅に出ようと思った。するとその夜、山神の夢のお告げがあり、この山を離れてはならない、今に大菩薩が来て、和尚のために法を説いてくれる、といった。果たして旬日《じゅんじつ》にして、天龍《てんりゅう》和尚（馬祖《ばそ》を嗣いだ）が庵にやってきた。倶胝は丁重に迎え入れ、先の一件を詳しく述べた。すると天龍は「一指を竪《た》てて之を示す（指を一本竪《た》てて、「こういうことだ」と示した）」。その瞬間、倶胝は大悟した。以後、倶胝は参学の僧に対してただ一指を挙げることでもって応じ、提唱《ていしょう》などおこなうことはなかった。

倶胝の庵を訪れた実際尼は、禅者らしく挑戦的に、彼に悟りの境地の提示を要請したわけであるが、彼女の言動に性的な誘惑を読み取ることも、あながち間違いではないと思う。「笠子を拈下《と》らん」という言葉は、その下の美しい顔を期待させるばかりでなく、衣を脱いで身を委ねるということが含意されているとも取れる。この話では明示的でないが、欲動（性欲動）がテーマとなっていると思われる。欲動は本来、現実界（主体の生物的基盤）に属するものであり、神経症者においては通常、言語活動のなかで対処・統御されるものであるが、それは禅の悟りとどのような関係があるだろうか。

性欲動が明示的なテーマとなった有名な公案に、婆子《ばす》焼庵《しょうあん》がある。『五灯会元《ごとうえげん》』巻六にこうある。[2] 昔、一人の僧を供養して二十年を経た婦人があった。彼女は十六歳の娘に食事を運ばせていたが、ある日、その娘に僧に抱きつかせ、「正恁麼《しょういんも》の時《とき》は如何《いかん》（こうしたらどうされます）」といわせた。僧曰く「枯木《こぼく》、寒巌《かんがん》に倚《よ》る、三冬《さんとう》、暖気無《だんきな》し（枯れた木が寒々とした巌にしがみついて生えている。冬の三ヵ月、暖かさはない）」。娘が帰ってこのことを婦人に話すと、婦人は「私は二十年間こんな俗物を供養していたのか」といって、僧を庵から追い出し、その庵を焼却してしまった。

禅では通常「二十年」は禅の修業の一区切りをいう。この話の二十年は、娘が美しく成長するのと並行して、婦人の内に僧の器量を点検しうるだけの禅的力量が醸成される期間であったともいえる。婦人が僧に期待したのは、自らの欲動に直面し、それを現実界において禅者としてどう生きるかということであった。しかし僧は「枯木《こぼく》、寒巌《かんがん》に倚《よ》る、三冬《さんとう》、暖気無《だんきな》し」と、自分には性欲動は枯れ果てている、清浄の身だから、大丈夫といった返答をした。彼は現実界と向き合うことができず――それでは禅者として失格である――、逃げた。そのことを、いつの間にか禅的に見る眼を肥やしていた婦人は見抜いたと考えられる。

神経症的主体は欲動に駆動され、言語活動に向かい、現実界と乖離してしまう。現実界との繋がりを保ち、そこにおいて自己を見出すためには、このことに自覚的でなくてはならない。戒は、まさにこのことに対する自覚を醸成する上で、役立つものではないか。不淫戒をあえて破ることで独自の境地を築いた禅僧に、一休宗純《いっきゅうそうじゅん》（一三九四—一四八一）がいる。(3) 禅的に性欲動を生きるあり方とは、いったいどのようなものか。これは筆者の今後の課題としたい。ここでは若い倶胝の話を、性欲動を禅的に生きることができなかった、それゆえに、そのことに対して痛切な敗北感が起こり、まさにその敗北感が悟りの機縁となった事例として捉えてみたい。

先に述べたように、実際尼の振る舞いは、筆者には性的挑発のように思われる。それは倶胝において欲動の蠢《うごめ》きを惹き起こしたにちがいない。今晩泊まっていくようにという誘いは、彼自身はっきり意識しなかったにせよ、密かな期待から出たものであったかもしれない。もちろん戒に抵触する思考は、厳しく抑圧されたであろう。実際尼の「問い」は、性的興奮という仕方で、すでに彼の「応答」を引き出していた。しかし倶胝はその応答を抑圧し、その応答が由来する現実界とは乖離した場で、必死に言葉を探したが、当然ながらまったく手がかりさえも見つけられなかった。しかしあの婆子焼庵の僧が現実界と乖離した場で安直にものをいったのと違い、倶胝はそこに「答え」が無いことをまず知った。前者と違い、後者が本物である所以《ゆえん》である。突如庵にあらわれたこの女性は神秘的ですらある。倶胝にとって実際尼は、その神秘によって現実界へと男性を導く存在（第一章3参照）だったのではないか。だからこそ、実際尼との邂逅は倶胝を大悟に到らしめる契機となったのであろう。

この出来事は倶胝にとって、自らの修行不足を思い知らされ、恥じいらされる出来事であったと同時に、欲動満足への道を自ら切り開くことができず、悶々とさせられる出来事であったであろう。「我れ丈夫の形に処ると雖も、丈夫の気無し」には、その二重の苦渋、敗北感が籠められているだろう。倶胝はその二重の敗北感に苛《さいな》まれる大疑団《だいぎだん》と化した。彼は修行の旅に出ようと思ったが、山神の夢のお告げがあり、その庵で待っていれば、大菩薩との機縁があることを知らされた。その庵を動かないということは、実際尼の「問い」に対して反応し「応答」した自己の身心から離れて探さないということである。禅における「答え」は、脚下の現実界以外の場所にはない。

こうして機縁が叶う。事の次第を話した倶胝に対して、天龍が竪《た》てた一本の指、それはそのとき起こった性的興奮としての自己性起を指し示すものであったと思われる（天龍の指は、端的に興奮状態の男性器を指し示すものといえる）。それを目の当たりにした倶胝は、はじめて抑圧を解除し、脚下の現実界に眼が開かれ、その次元で実際尼の「問い」に対してすでに「応答」していた自己に気がついたのではないか。倶胝は遅ればせながら、性的興奮として自己性起を見た。それはまさに実際尼が彼に「道《い》う」ことを要請していた事柄ではなかったか。倶胝は実際尼の性的雰囲気に幻惑されて日頃の修行の成果を発揮できなかったのではなく、むしろ幻惑と思われた出来事のまっただなかにこそ、悟りへの突破口があった。

2. 師刀を以て童子の指頭を断つ

『景徳伝灯録』巻十一に載る、例の有名な話はこうである。[4] 倶胝に仕えるひとりの童子があった。用事で外にでかけたとき、彼はひとに「倶胝和尚はどんなふうに仏法を説いているのか」と問われた。童子は日頃見ていた和尚のさまを思い出し、指を一本立て、こんなふうにだと示した。帰ってきて、このことを倶胝に話し、同じように指を立てると、倶胝は刃物でその指を切り取ってしまった。泣き叫び走って逃げようとする童子。そして――。

「師召《よ》ぶこと一声す。童子迴首《ふりかえ》る。師却って指頭を竪起《た》つ。童子豁然《からり》と領解《りょうげ》す。
（倶胝は童子を呼ぶ声を一声かけた。童子は振り返った。なんと倶胝が指を立てたではないか。それを見て、童子ははっきりと仏法の根本義を会得した。）

この童子は去勢され象徴界に統合される前の段階の主体である。このような主体は、いまだ〈他者〉の視点が内在化されておらず、彼の名を呼び、彼に眼差しを注ぐ外部の〈他者〉（主に母）によって、自己の実体性が支えられている（第三章5参照）。童子にとって倶胝は、このような外部の〈他者〉の位置にあったと考えられる。童子は外出先で、「倶胝和尚はどんなふうに仏法を説いているのか」と訊《き》かれ、倶胝の真似をして指を一本立てた。童子は倶胝のことが大好きで、彼をこよなく慕っていたからこそ、その動作を真似てひとに示しえたことが、よほど嬉しかったのではないか。童子が嬉しそうに指を立てて見せたところ、倶胝はやにわに彼の手を摑み、刃物でその指を切り落とした。童子がひとに示し、倶胝にも示した指は、倶胝との童子の同一化の基礎となるものであった。失われた指は童子にとって、「失われた同一化の基礎[5]」としての対象aとなったと考えられる。彼は、対象aの本質である、今ここにそれが欠如して無いことを見た。禅の立場で捉え直されるならば、彼は自己がそこへと還滅される絶対の静の境位を見たと考えられる。これは彼にとって、自己の実体性が消失する、怖ろしい体験であったにちがいない。その場を逃げようとしたとき、童子は呼び止められる。振り向くと、師の柔和で慈悲にみちた眼差し。そしてすっと立ち上がった師の一本の指。それは童子にとって、絶対の静からの自己性起を意味していた。このとき彼は師の立ち上がった指を見ながら、師＝〈他者〉の視点を内在化し、その視点から、現実界のなかで自己性起を見ることになった。

　ここで大事なことは、童子はこれまで師の指が立ち上げられる場面で、「仏」とか「仏法」などの語を幾度も耳にしてきたであろうが、そうした語と、今ここで見られている自己性起とが結びついたということである。こうして童子は、仏法の根本義をはっきりと悟ることができたと考えられる。童子の切られた指はファルスを象徴し、その切断は去勢を象徴する。そしてこの場合、去勢は精神分析的な意味での去勢、すなわち、主体が象徴界へと自己を統合するための試練を意味する。ここで「仏」の名は、童子を去勢して象徴界一般へと統合させる〈父の名〉の機能を果たしたというだけではなく、彼を去勢して禅仏教的世界観へと統合する〈父の名〉の機能を果たしたと考えられる。

禅の接化の仕方で、立ち去ろうとする相手を呼びとめるというものがある。たとえば、馬祖は問答を挑む無業《むごう》に、「大徳、正に鬧《さわ》がし。且《しばら》く去って別時に来たれ（貴僧よ、ごちゃごちゃ煩《うるさ》い、出直してこい）」といい、立ち去ろうとする無業を呼び止め、「是れ什麽《なん》ぞ（これはなんだ）」といった(6)。ここで「是れ」とは、馬祖の声にしたがって振り向き、今、ここで馬祖の眼差しを浴びている無業自身の存在のことである。ここで無業は悟りに達し、礼拝《らいはい》した。無業は馬祖の眼差しを浴び、馬祖の視点に立って、現実界のなかで自己性起を見ることができたと考えられる。倶胝が童子に対して立てた指は、この「是れ什麽《なん》ぞ」に相当する。

禅の歴史において、倶胝による童子の指の切断の話と響き合うのが、インドから来た菩提達磨によってはじめて中国に禅が伝えられたときの話である。中国禅宗二祖《にそ》となる慧可《えか》（四八七―五九三）は、嵩山《すうざん》少林寺に滞在していた達磨に教えを請うた際、その決意を示すため、左臂《ひだりひじ》を刃物で切断した。禅とは実質的には中国で成立したものであり、達磨と慧可との邂逅は、そこから禅が生まれた、インド仏教と中国の精神風土との邂逅を意味する。中国人の慧可がインド仏教的世界観という前代未聞のものに出遭い、それをわがものにしようとしたとき、彼は自己を人間的主体へと仕上げた去勢（象徴界への最初の統合）を呼び起こしつつ、「仏」という新たな〈父の名〉によって改めて去勢される必要があったと考えられる(7)（彼の切断された左前腕はファルスを象徴する）。倶胝による童子の指の切断の話は、この慧可の話と響き合い、仏の名が主体を去勢して禅仏教的世界観へと統合する〈父の名〉の機能を果たすことを教えているように思われる。

言語活動の主体としての人間的主体は、対象aの欠如と邂逅した主体が、ファルス（シニフィアンそれ自体）を創出し、象徴界へと出ていき、そして去勢を経て、〈他者〉の視点を内在化させ、象徴界への自己統合を決定的にすることによって、成立する（第三章4参照）。人間的主体は一瞬一瞬の性起の動性にしたがって、言語活動の主体としての自己の生成過程を繰り返している（第五章3参照）。対象aの欠如＝自己の「無」は、絶対の静としての絶対無であり、ファルスはその絶対の静を担うシニフィアンである。主体は一瞬一瞬、性起の動性にしたがって、絶対の静からファルスを創出し、去勢の受け入れをおこなっている。言語活動は、一瞬一瞬の性起と還滅の一体的動性のなかでファルスの創出、そして去勢の受け入れが繰り返されることによって、維持され展開される。これがラカンの立場では十分捉え切れない、言語活動の根源相である。

禅者は、性起と還滅の一体的動性としての自己に自覚的であることによって、言語活動の主体としての自己の生成過程を再体験し、言語活動の根源相を見ることができる。去勢され象徴界に統合された人間は通常、ファルスを見ることはできない。しかし禅者は、後述するように、還滅に自己を相応させることによって、もろもろのシニフィアンがそれぞれに喚起するシニフィエを還滅させ、もろもろのシニフィアンをファルスへと還元させ、それを見ることができる。また禅者は、〈父の名〉によって去勢された状態になることも、そのような状態から自己を解放することも、自由自在である。それゆえ、禅者には心の奥底の去勢の痛み、および、その奥にある対象aの欠如に対する痛みが、今、こ、こ、でありありと体験されうる。慧可断臂《だんぴ》の話や倶胝による童子の指の切断の話、また後で取り上げる南泉斬猫《なんせんざんみょう》の話は、禅体験における特にこのような痛みに着目し、われわれに伝えているものではないか（ほかにも、臨済が黄檗に受けた棒打の痛み、玄沙が石に躓《つまず》き足の指を怪我したときの痛みなど、禅には悟りの機縁となった痛みの記録が、いろいろと残されている）。

3. 一斬一切斬、一染一切染

倶胝の一指頭禅は公案として、『碧巌録』第十九則に取り上げられている。これを取り上げるにあたっての、『碧巌録』の編著者円悟克勤《えんごこくごん》（一〇六三―一一三五）による垂示《すいじ》（序言）では、次のように述べられている。

一塵《いちじん》挙《あが》って大地収まり、一花開いて世界起こる。只だ塵未だ挙《あが》らず、花未だ開かざる時の如きは、如何《いかに》か眼《まなこ》を著《つ》けん。所以《ゆえ》に道《い》う、「一綟糸《れいし》を斬るが如し、一斬《いちざん》すれば一切斬《いっさいざん》。一綟糸を染むるが如し、一染《いっせん》すれば一切染《いっさいせん》」(8)と。(後略)

(ひとつの塵が舞い上がって、大地全体が整い、ひとつの花が開いて、世界全体が起こる。では、まだ塵が上がらず、花が咲かないときは、どのようにしたら見ることができるだろうか。だから古人はいったのだ、「縒《よ》り糸の一本の糸を斬るようなものだ。一本斬れば、一切の糸が斬れてしまう。縒り糸の一本を染めるようなものだ。一本染めれば、一切の糸が染まってしまう」。)

ひとつの塵が舞い上がるという動き、あるいは、ひとつの花が開くという動き、それは絶対の静からの性起を意味している。禅者は、性起の瞬間の直前(「只だ塵未だ挙《あが》らず、花未だ開かざる時」)において絶対の静を見て、そこから性起を捉え体験しなければならない。禅者は、絶対の静から一切の存在が礙《さまた》げ合うことなく、親密に繋がり合い、一体となって性起してくるさま、世界性起のさまを見る(これは華厳思想でいう「事事無礙《じじむげ》」や「挙体性起《こたいしょうき》」に相当する)。縒《よ》り糸の喩《たと》えの「斬」に倶胝による童子の指の切断の反映、「染」にそのことによって迸《ほとばし》り出た血の反映を、見て取ることができるように思われる。では、「一斬一切斬」や「一染一切染」とは、どのようなことをいっているのであろうか。

まず「一本の糸を斬れば、一切の糸が斬れてしまう」縒り糸とは、どのような構造物を想定したらよいか。ここで後期ラカンが好んで取り上げたボロメオ結び（第四章5参照）が想起される。

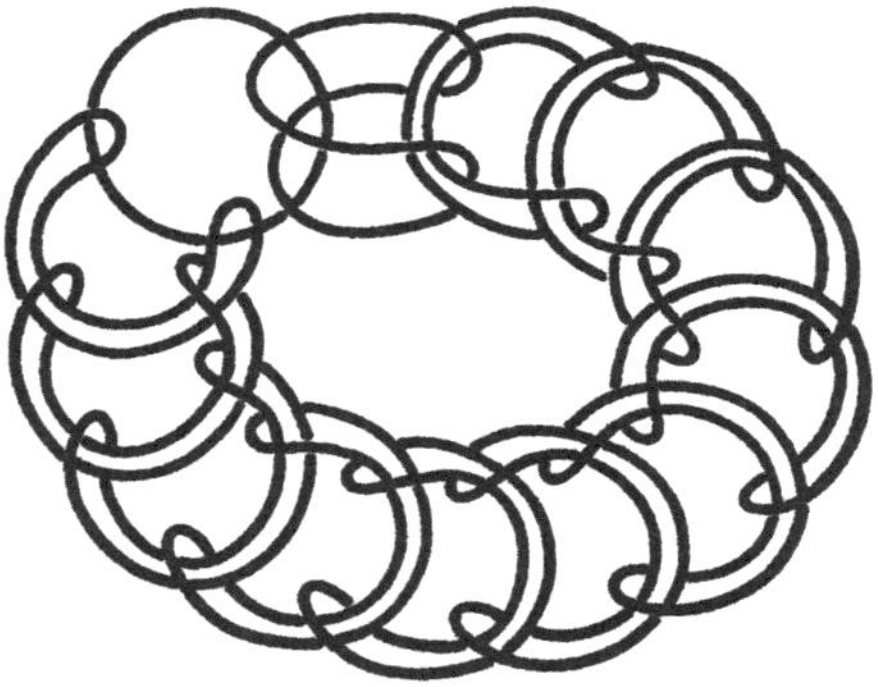

図6　三個以上の輪のボロメオ結び

ボロメオ家の紋章は繋がり合った三つの輪で、一つが外れれば三つとも外れてしまう構造物であるが、このような輪の結び方は輪の数を三個以上に増やしても可能である。折り曲げた輪ゴムを鎖のように繋いで、大きな輪にしたものを考えてもらいたい（図6参照）[9]。そのようなものにおいて、輪ゴムのどれか一本を斬れば、一切の輪ゴムは離れ、バラバラになってしまう。このような構造物を手掛かりにして、「一斬一切斬」を考えてみよう。ひとつの輪ゴムはひとつのものの性起をあらわす。輪ゴムが繋がり合った全体は、一切の存在が礙げ合うことなく、親密に繋がり合い、一体となった性起、すなわち、世界全体の性起をあらわす。ある輪ゴムを斬ること、「一斬」とは、主体が還滅の動性に相応しつつ、言語活動以前、去勢以前に立ち返り、絶対の静を見ることであると考えられる。このとき主体は一切のものが性起する以前を見ることになる。「一斬一切斬」とは、主体自身が絶対の静へと還滅することによって、一切のものを性起以前へと戻すことを意味すると考えられる。

「一染一切染」とは「一斬一切斬」とは逆に、主体が絶対の静からの性起の動性に相応しつつ、一切のものと共に性起することであると考えられる。主体は性起に相応することによって、去勢を経て言語活動の主体となる。通常、このとき現実界――そこにおいて性起が性起として見られる――は失われる。しかし禅者は、性起と還滅の一体的動性のなかで去勢を体験し、性起の起点であり去勢の起点である絶対の静を見て、そこからの自己性起を自己性起として見つつ、一切のものの性起をその性起において見ることができる。

　前期ラカンが「この現実は象徴的な無化によって「一気に《ダムブレ》」印づけられる[10]」というとき、彼が見ていた事態は次のようなものだろう。すなわち、主体が言語活動の主体として成立した瞬間、現実界は覆い隠され（「無化」され）、そのような主体の視点からは、シニフィアンとそれが喚起するシニフィエだけが捉えられ、物自体の性起はもはや見られなくなる、という事態である。これは去勢の結果である。精神分析の目標を去勢を再体験して主体の苦しみを「ありきたりの不幸」に変えることだとする考え方は、去勢の結果だけを重視するものではないか。そのような考え方に執われるならば、去勢を根源的に体験すること、すなわち、性起の起点である絶対の静を見た上で、そこからの自己性起において去勢を体験し、そのことによって本来的自己の自己感覚を醸成するということが、見失われてしまうと思われる。

　禅の接化は絶対無の動性に相応することによって、臨機応変、当意即妙におこなわれる。その接化の自在な鮮烈さをあらわす語として、「殺人刀《せつにんとう》、活人剣《かつにんけん》」がある。「殺人刀」とは、主体を去勢以前に遡らせ、彼に自己還滅を見させる機略であり、「活人剣」とは、自己性起を見させつつ、去勢を経させ、言語活動の主体とならせる機略であると考えられる。殺人刀は活人剣となり、活人剣は殺人刀となる。このような連動性がないと、真の殺人刀、真の活人剣とはいえない。『碧巌録』第十二則垂示《すいじ》（序言）にこうある。

殺人刀《せつにんとう》、活人剣《かつにんけん》は、及《すなわ》ち上古の風規にして、亦今時《こんじ》の枢要なり。若し殺を論ぜば、一毫も傷つけず。若し活を論ぜば、喪身失命す[11]。
(殺人刀、活人剣は、昔の禅匠の接化の様式であり、今もなお用いられる要《かなめ》である。もし殺にこだわってしまうならば、相手にひとつも傷を負わせることがないし、もし活にこだわってしまうならば、相手は身も命も失ってしまうことになる。)

性起の動性に相応し去勢を経て言語活動の主体になることと、還滅の動性に相応し去勢以前に遡《そ》源《げん》することは、繋がり合う。その繋がり合い、絶対無の動性のなかで〈いのち〉が躍動する。「活潑潑地《かっぱつぱっち》」である。そして師の〈いのち〉が修行者の〈いのち〉を呼び起こす、〈いのち〉が〈いのち〉を触発する活動として、「活」をもたらす殺人刀と「殺」をもたらす活人剣の使用があることになる。

倶胝の童子に対する一連の接化においては、まず童子の指を切断することによって、彼に絶対の静への自己還滅を見させた。このとき童子まだ去勢以前にある。そして童子を呼び止め、一本の指を立てて示すことによって、絶対の静からの自己性起を見させた。この一連の流れにおいて、童子の指を切断した刀は、事後的に真の意味での殺人刀、すなわち、相手に自己還滅を見させつつ、絶対の静に直面させ、しかも活人剣——この童子の場合、それは絶対の静からの自己性起を見させ、象徴界への最初の去勢であると共に、禅仏教的世界観へと統合されるための去勢を経させる役割を果たした――に繋がるものとなったと考えられる。

4．南泉斬猫

『無門関《むもんかん》』第十四則、南泉斬猫《なんせんざんみょう》の話はこうである。

南泉和尚、東西の両堂の猫児《みょうじ》を争うに因《ちな》んで、泉、及《すなわ》ち提起《ていき》して云く、「大衆道《い》い得ば即ち救わん。道い得ずんば即ち斬却《ざんきゃく》せん」。衆対《たい》無し。泉、遂に之《こ》れを斬る。晩に趙州《じょうしゅう》外より帰る。泉、州に挙似《こじ》す。州、及ち履《くつ》を脱いで頭上に安じて出ず。泉云く、「子《なんじ》、若《も》し在らば即ち猫児を救い得ん」。[12]

（南泉は、東堂の僧たちと西堂の僧たちが、猫の所有をめぐって争っている場面に出くわし、その猫を摑んで皆に示していった、「お前たち、だれか悟りの境地をいえるものはいるか。いうことができたら、この猫の命は救けてやろう。いうことができなければ、この猫は斬って捨てる」。だれも応答するものがなかった。それで南泉は仕方なくその猫を斬り殺した。その晩、高弟の趙州が寺に帰ったとき、南泉は昼間の出来事を彼に話した。すると趙州は、自らの履を脱ぎ、それを頭に載せて出ていった。南泉はいった、「もしお前がその場にいてくれたら、あの猫を救《たす》けることができたであろうに」。）

寺の境内にどこからか一匹の猫が迷いこんだ。そのかわいらしさに心奪われた、東堂の僧たちと西堂の僧たちとのあいだで、その所有をめぐって争いが起こった。南泉はこの場面が教化に使えることを直観した。どういうことか。まず「東」と「西」の対《つい》に着目したい。対のシニフィアンは象徴界の基本単位である。ここでは象徴界が問題となっている。主体が去勢を受け入れ象徴界へと統合されるための条件として、主体はその根底において根源的幻想によって支えられる必要がある（第四章4参照）。ここで問題となっているのは、対象aの欠如を認めず、対象aを幻想的に自己の所有物と考える、強迫症の根源的幻想であると思われる。ここでは猫が対象aの位置に来る。南泉がここで僧たちに求めていたのは、強迫症の根源的幻想の横断、すなわち、その幻想を自覚し、それによって支えられるあり方を脱し、現実界に出て自己性起を自己性起として見ることであったのではないか。強迫症の根源的幻想の横断には、去勢以前に遡り、去勢の奥にある対象aの欠如を見究めることが求められる。南泉が猫を摑み上げ、これを斬るぞと擬《ぎ》すると き、彼は今まさに猫の命が失われようとする事態を通して、僧たちに対象aの欠如、「無」を悟らせようとしていたのではないか。しかし応答する者はなく、南泉は行き掛かり上、やむなく猫を斬り捨てたと考えられる。

その晩、南泉は高弟の趙州《じょうしゅう》にこの話をする。すると趙州は自らの履《くつ》（片方であろう）を脱ぎ、それを頭に載せて出て行った。この履はいったい何を意味するか。これは「ネコ」というシニフィアンを意味するだろう。それは猫のイメージを喚起する。そして趙州は立ち去るという仕方で、自己還滅と同時に、絶対の静への猫の〈いのち〉の還滅を表現したのではないか。このとき履（＝猫のイメージを担うシニフィアン）から、そのイメージが消失し、それが空っぽであることが際立つ。つまり、趙州は「ネコ」というシニフィアンをシニフィアンそれ自体、すなわち、ファルスへと還元したのではないか。空っぽの履はファルスをあらわし、履の空洞は絶対の静を意味する。禅者ならば、自覚的に自己を還滅の動性に相応させ、その視点からファルスを見ることができる。ファルスは対象aの欠如との出遭いから創出される。昼間猫を摑み上げ僧たちに問うた南泉の意図（対象aの「無」すなわち絶対の静を悟らせようとする意図）を、趙州は正確に捉えたと考えられる。

なお、この話の履は禅の歴史のなかで、第八章3で言及した、達磨入滅の後の話と響き合うように思われる。達磨入滅の三年後、宋雲《そううん》が西域に使いしての帰途、片方の履をぶらさげた達磨に出遭ったので、帰ってから達磨の葬られた塔を開いてみると、ただ片方の履があるだけだった、という話である。禅者にとって死とは、日々親しんでいる絶対の静にほかならない。死後、西を目指し故郷に帰る達磨の姿は、禅者が日々体験している、絶対の静への自己還滅を意味する。達磨が手に持つ一方の履は、趙州が頭に載せた履と同様、自覚的に還滅の動性に自己を相応させた禅者の視点から見られるファルスを意味し、その空洞は絶対の静を意味すると考えられる。一方、墓に残された片方の履は達磨が中国に残した言葉、教えであり、その履の空洞はその言葉、教えがそこに由来する絶対の静をあらわすと考えられる。

5. 巌頭の呵々大笑

倶胝や南泉が接化に用いた刃物は、禅の歴史のなかで巌頭全奯《がんとうぜんかつ》（八二八―八八七）の話に登場する「黄巣《こうそう》の剣」とも響き合う。巌頭の話を取り上げる『碧巌録』第六六則にはこうある。

巌頭、僧に問う、「什麼処《いずこ》よりか来たる」。僧云く、「西京より来たる」。頭云く、「黄巣《こうそう》過ぎし後、還《は》た剣を収得せしや」。僧云く、「収得せり」。巌頭、頸《くび》を引《のば》し近前《ちかづ》きて云く、「カ《か》」。僧云く、「師の頭落ちたり」。巌頭、呵呵大笑す。僧、後に雪峰《せっぽう》に到る。峰問う、「什麼処《いずこ》よりか来たる」。僧云く、「巌頭より来たる」。峰云く、「何の言句が有りし」。僧、前話を挙《こ》す。雪峰、打つこと三十棒して趕《お》い出す。(13)

（巌頭が僧に「お前はどこから来たのか」と問い、僧は「私は西京（長安）から来ました」と答えた。そして巌頭が「それでは黄巣の乱が終わった後で、あの黄巣が天から授かったという剣を、お前も手に入れることができたか」と問い、僧は「手に入れました」と答えた。すると巌頭は首を伸ばして僧に近づいてきて、「カ」といった。僧が「師の頭が落ちました」というと、巌頭は呵々大笑した。その後、僧は雪峰のもとに行った。雪峰が「お前はどこから来たか」と訊ね、僧は「巌頭禅師のところから来ました」と答えた。雪峰が「巌頭はどんなふうに教えたか」と問い、僧は先のあらましを述べた。すると雪峰は僧に三十棒をくらわし、彼を追っ払った。）

黄巣とは、唐朝崩壊の契機となった大農民反乱（八七五―八八四）の指導者である。僧が西京（長安）から来たというので、巌頭は黄巣の剣を連想し、接化に用いたのだろう。黄巣の剣とは、天から落ちてきた、「天賜黄巣」という銘の刻まれた、伝説上の剣のことである。「お前も黄巣の剣を手に入れたか」と問うとき、巌頭は黄巣の剣を禅的機略の象徴と見なしている。たしかに僧は巌頭の言葉の意味を理解し、得意げに「手に入れました」と答えた。しかし巌頭は僧の未熟を見抜いた。巌頭は戯れて、僧が手に入れたと信じている黄巣の剣によって、自らの首が切られるさまを演じた。その戯れにおいて巌頭は、禅者として絶対無の動性としての還滅に自己を相応させ、「カ（首が落ちる音）」の語と共に絶対の静を見たと考えられる。現実界において絶対無としての自己を自覚した者の視点からは、僧の滑稽さは際立って見える。巌頭の呵々大笑は、現実界を生きる者の、未だ言語による制御制限を被《こうむ》らない情動反応であろう（およそ禅者の呵々大笑とはそういうものであろう）。

なお、『景徳伝灯録』巻六によると、巌頭の最期は、盗賊に捕まり、刀で斬り殺されるというものであった。[14] 死の間際、巌頭は大声を上げたとされる。それ以前から巌頭はひとに仏や道や禅について問われると、自分が死の間際に上げる叫びを演じて、こんなふうに自分は死ぬのだとよくいっていた。それが現実となったわけである。右の『碧巌録』の話の「カ」は、この死の間際の叫びと響き合う。巌頭は禅者として日々絶対の静に親しみつつ、彼独自の仕方で死の準備をしていたと考えられる。

さて、僧は自分が巌頭に弄《もてあそ》ばれたとも知らず、雪峰に自慢げにその話をした。僧は未だ絶対無の動性を自覚的に生きることのできる境地にはほど遠く、したがって禅的機略の剣など扱えるはずはなかったが、それができると慢心していた。そんな者と一緒にされては困ると、雪峰は怒気を含んだ棒打を僧に与え、彼を追っ払ってしまったと考えられる。この雪峰の怒りも、巌頭の笑いと同様、現実界を生きる者の、未だ言語による制御制限を被《こうむ》らない情動反応であろう。臨床的には、言語化を外れた、制御のむずかしい激しい怒りは、精神病者や境界性パーソナリティ障害の者において見られるものである。しかし禅者はそのような怒りをも主体的に生きうる者であるといえるだろう。

6．落つる底の頭を借し来たり看よ

『碧巌録』の編著者（円悟克勤《えんごこくごん》）は、落ちた巌頭の頭の行方を問題にする。「巌頭呵呵大笑」に対する著語《じゃくご》（寸評）はこうである。

尽天下の衲僧奈何《のうそういかん》ともせじ。天下の人を欺殺《あなど》る。這《こ》の老漢の頭の落処を尋ぬるに得ず。（天下の僧はその笑いをみんなどうすることもできない。その笑いは天下の人々を侮《あなど》っている。この老いた男の頭がどこに落ちたか、その場所を見つけようとしてもわからない。）

その笑いは現実界で爆発した。その笑いにおいて巌頭は、自己存在の本来性を十全に生きている。その笑いはいわば天上天下唯我独尊の笑いである。そこには天下の僧を笑い飛ばす〈いのち〉の躍動があり、問答無用の真理が顕現している。円悟は巌頭の頭が落ちた場所を問題とする。この問題を解明する手掛かりが、円悟が評唱《ひょうしょう》（講釈）で取り上げる、龍牙居遁《りゅうげこどん》（八三五―九二三）の話であると思われる。龍牙は、徳山宣鑑《とくさんせんかん》（七八二―八六五）に参じ、そのときの問答を後に洞山との会見の際取り上げ、大悟を果たした。その話はこうである。[15]

龍牙は徳山に問うた、「学人鏌鎁《がくにんばくや》の剣に仗《よ》って、師の頭を取らんと擬《ほっ》する時如何《いかん》（修行者の私が、あの春秋時代の呉の名剣、鏌鎁の剣によって師匠の頭を取ろうとしたら、どうされますか)」。すると徳山は首を伸ばして近づいてきて、「カ」といった。それに対し龍牙は「師匠の頭が落ちました」といった。そういった途端、徳山は方丈に帰ってしまった。その後、龍牙がこの話を洞《とう》山《ざん》にしたところ洞山は訊いた、「徳山当時什麼《そのときなん》とか道《い》いし（徳山はそのときなにかいったか）」。龍牙が「無言でした」というと洞山曰く、「佗《かれ》の語無きことは則ち且《さ》て置き、我に徳山の落つる底《ところ》の頭を借し来たり看《み》よ（徳山が無言だったことはさて置いて、その落ちたという徳山の頭を私にちょっと見せてみろ）」。これを聞いてすぐ龍牙は大悟した。そして香を焚き、徳山のほうに向かって礼拝し、あのとき悟れなかったことを懺悔した。

『碧巌録』第九則の垂示《すいじ》に、「鏌鎁在手、活殺臨時(16)（鏌鎁を手にしたら、活殺が臨機応変にできる）」の語が見られるように、鏌鎁の剣は先の黄巣の剣と同様、禅的機略の象徴となっている。ここで「剣」のモチーフは龍牙のほうから導入されたが、徳山は巌頭と同様の対応をし、龍牙は巌頭に対する僧と同様の応答をした。その直後、徳山は無言でさっと衣の裾を払い方丈に帰ってしまった。龍牙は煙に巻かれる思いをしたにちがいない。しかしこの一件は龍牙の心を深くとらえており、後に洞山と会見した際、話題にした。直ちに徳山の真意を見抜いた洞山は、まず徳山の無言に龍牙の注意を促し、そうして「我に徳山の落つる底《ところ》の頭を借し来たり看《み》よ」といった。この語が効を奏し、龍牙を大悟させた。どういうことか。

巌頭が相手を玩弄する底意をもち、戯れに斬首されるさまを演じたのと異なり、徳山は、彼が龍牙の禅的器なることを見抜いたかどうかは定かでないにしても、龍牙の問いに対して禅者として自然体で反応し、絶対無の動性としての還滅に相応し、「カ」の語と共に絶対の静を見た。そして徳山は無言で方丈に帰るという仕方で、言語活動を否定する還滅の動性を表現したと考えられる。洞山の巧妙な接化は、「徳山当時《そのとき》什麼《なん》とか道《い》いし」と問い、まずこのことへと龍牙の注意を差し向けたといえる。そして洞山は、「我に徳山の落つる底《ところ》の頭を借し来たり看《み》よ」と龍牙に迫ったが、この語でもって洞山は、「（徳山の）頭」という器（シニフィアン）の中身（シニフィエ）の提示を求めていると思われる。このとき龍牙の脳裡には、無言でさっと衣の裾を払い立ち去った徳山の印象的な姿が、鮮明に蘇ったことであろう。徳山の身体イメージと共にその頭のイメージも消え去った。龍牙は自分がこれまで空っぽの語、「（徳山の）頭」を持ち歩き、今も洞山のもとにそれを携え来たっていることに、突如気づいた。この中身が空っぽの語、絶対の静を担う語、それはまさにファルス（シニフィアンそれ自体）であると考えられる。

では、龍牙においてファルスを見出すことが、どうして大悟となったのか。まず脳裡に再現された徳山の姿の消滅によって、今ここに携え来たっている語（「（徳山の）頭」）のなかのシニフィエの消滅（脱落）をリアルに見るという仕方で、龍牙は還滅の動性への相応を体験した。こうしてファルス（シニフィエの脱落したシニフィアン）を見出すことによって、言語活動がシニフィエと截然と区別されるシニフィアンを用いた活動であることを、彼は領解《りょうげ》した。このように絶対無の動性である還滅への相応を体験し、言語活動の根源相を見出したこと——それは性起と還滅の一体的動性としての自己を自覚することである——が、龍牙の大悟であったと考えられる。

この龍牙の話は『碧巌録』第五三則の、馬祖《ばそ》と百丈《ひゃくじょう》の次の問答(17)と、ある意味対照的である。馬祖は空を飛んでいく鴨を指差し、百丈に「これ什麽《なん》ぞ（あれは何だ）」と訊いた。百丈は「野鴨子《かも》」と答えた。さらに馬祖が「どこへ行ったか」と訊くと、百丈は「飛び去っていきました」と答えた。すると馬祖はいきなり百丈の鼻を捻《ひね》り上げた。百丈が忍痛の声を出すと、馬祖は「何ぞ曾て飛び去らん（なんだ、鴨は飛び去っていないではないか）」といった。ここで馬祖は、百丈が「野鴨子」というシニフィアンを保持し、それが喚起する鴨のイメージ（シニフィエ）を依然として堅持し実体化していること、一般化していうならば、シニフィエに執着し、それを実体化してしまう形でシニフィアンを用いる、そのような言語活動を鋭く問題化していると考えられる。馬祖は百丈の鼻を捻ることで、百丈がその心のなかに「野鴨子」というシニフィアンを保持すると共に、それが喚起する鴨のイメージを実体化して保持していることに気づかせようとしたと考えられる。龍牙が「（徳山の）頭」というシニフィアンのなかからシニフィエの消滅を見たのに対し、百丈は「野鴨子」というシニフィアンのなかにシニフィエが依然として堅持され実体化されていることを見たのである。

（1）『景徳伝灯録4』、前掲、三一〇―三一四頁。

（2）能仁晃道訓読『訓読　五灯会元』禅文化研究所、二〇〇六年、五八二頁。

（3）一休の『狂雲集』には、婆子焼庵の公案に応えた次のような詩がある。「老婆心、賊《ぞく》の為に梯《かけはし》を過《か》す、清浄の沙門に、女妻を与う。／今夜、美人、若し我に約せば、枯楊、春老いて、更に稊《ひこばえ》を生ぜん（老婆は親切がすぎて、泥棒に追い銭どころか、清潔な修行僧に、若い妻をそわせるとは（とんだ行きすぎだ）。／今晩、その娘がもし、ボクを抱いてくれたら、枯れた柳にも春がかえって、思わぬヒコバエが生えようものを）」（柳田聖山訳『一休宗純　狂雲集』中公クラシックス、二〇〇一年、五一頁）。

（4）『景徳伝灯録4』、前掲、三一二頁。

（5）Jacque Lacan, *Le Séminaire 11*, op., p. 169. 前掲、二四六頁。

（6）『馬祖の語録』、前掲、七一頁。

（7）雪のなかに立ち、教えを乞う慧可を達磨は次のようにいって峻拒した。「諸仏の無上の妙道は、曠《こう》劫《ごう》に精勤し、行じ難きを能《よ》く行ず。忍に非ざるも而も忍ぶ。豈《あ》に小徳小智軽心慢心を以て真乗を冀《ねが》はんと欲するや。徒に勤苦に労するのみ（諸々の仏のこの上ない悟りの境地には、遠大な時間のなかで精励刻苦し、難しい修行をおこなうことができて、はじめて達成されるものだ。耐えることができないことも耐えないといけない。お前のような徳に乏しく智に乏しい者が、軽薄な自惚《うぬぼ》れた気持ちで、真理に達しようと願っても、むなしく苦労するばかりだ）」（佐橋法龍・増永靈鳳訳『國譯一切經　和漢撰述部史伝部14』大東出版社、一九五九年、七一頁）。「諸仏の無上の妙道」は、途方もない時間のなかを輪廻転生しつつ修行してはじめて得られるものであると、達磨はインド仏教的世界観を語る。

そして慧可を「小徳小智軽心慢心」として切り捨てようとする。このような世界観は中国人慧可にとって前代未聞のものであったことだろう。柳田聖山のいうように、「果てることのない輪廻転生と、そうした悪循環をたち切ったニルヴァーナの寂滅を観じたインド人の思惟に比して、中国人の死の思想がきわめて現実的であり、現世の生の直線的な延長と見られていることはたしかである」（『禅の遺偈』潮文社、一九七三年、二六頁）。

（8）入矢義高・溝口雄三・末木文美士・伊藤文生訳注『碧巌録　上』岩波文庫、一九九二年、二五一頁。

（9）Jacque Lacan, Le Séminaire 20, op., p. 113.　前掲、二一五頁。

（10）Jacque Lacan, *Le Séminaire* 8, op., p. 168.　前掲、『上』二四八頁。

（11）『碧巌録　上』、前掲、一八二頁。

（12）『無門関』、前掲、七〇頁。

（13）『碧巌録　中』、前掲、三〇一―三〇二頁。

（14）『國譯一切經　和漢撰述部史伝部14』、前掲、六―七頁。

（15）『碧巌録　中』、前掲、三〇四―三〇五頁。

（16）『碧巌録　上』、前掲、一四二頁。

（17）『碧巌録　中』、前掲、二〇七―二〇八頁。

第十章　道元——存在と時間の一体性——

1．身心脱落

道元（一二〇〇—一二五三）は貞応《じょうおう》二年（一二二三年）、二十四歳で中国に渡り、諸山巡錫《しょざんじゅんしゃく》の旅の後、南宋の宝慶《ほうきょう》元年（一二二五年）、二十六歳のとき、天童山の如浄《にょじょう》（一一六三—一二二八）と出逢った。道元は如浄のもとに自由に入室し参問することを願い出て、許可された。その参問のなかで如浄は「参禅は身心脱落《しんじんだつらく》なり」（1）と教えた（『宝慶記《ほうきょうき》』）が、この「身心脱落」は道元禅を特徴づける重要語となった。『正法眼蔵』「面授《めんじゅ》」には次のように述べられている（『正法眼蔵』からの引用は特に注記のないかぎり、七十五巻本より）。

道元、大宋宝慶元年乙酉《きのととり》五月一日、はじめて先師天童古仏を礼拝面授す。やや堂奥《どうおう》を聴許《ちょうこ》せらる、わづか身心を脱落するに、面授を保任《ほうにん》することありて、日本国に本来せり（2）。

（私、道元は南宋の宝慶元年の五月一日、はじめて天童如浄禅師の前に出て礼拝し、対面して、教えを受けた。それからしばらくして、如浄禅師のもとに入室し参問することを願い出て、許可された。そうして私はどうにか身心の脱落ということを了解《りょうげ》し、如浄禅師に直接対面して受けた教えをわがものにできたと思い、これを日本の国へともたらしたのである。）

道元は如浄から直接聞いた「身心脱落」の語を胸に刻み、坐禅に励み、その語の真意を体得するに到ったのであろう。「一生参学の大事ここにをはりぬ（3）（一生をかけて学ぶべき大事な仕事をここで終えた）」と、道元は如浄下での修行のことを語る（『正法眼蔵』「辨道話《べんどうわ》」）。道元は、釈迦が拈華《ねんげ》瞬目《しゅんもく》して迦葉に伝えて以来、連綿と繰り返されてきた「面授」（対面して直接的に禅を伝えること）の営み、すなわち、禅の歴史の動性のなかに自己自身が組み込まれていることを自覚し、禅を日本に伝えるという自己の使命を確信することになったのだろう。では、身心脱落とはどのような事態なのか。その体得がどうして「一生参学の大事」を果たしたことになるのか。

道元の父は、内大臣・久我《こが》通親《みちちか》、母は前摂政関白・藤原基房《ふじわらのもとふさ》の娘・伊子《いし》であった。道元三歳のとき父が亡くなり、八歳のとき母が亡くなり、彼は十四歳で出家した。後に道元は、「我レ初めてまさに無常によりて聊《いささ》か道心《どうしん》を発し（4）（私はそのときまさに無常を知って、はじめていささかの道心を起こし）」と述懐している（『正法眼蔵随聞記《ずいもんき》』）。両親の相次ぐ死は道元にとって、俗世における自己の居場所を喪失する出来事であり、俗世に自己を繋ぐ実父の名に代わって自己存在を支えるものを、仏法に求めさせたといえるだろう。

そもそも出家とは、「家を捨て去ること。家を出て修行者の仲間入りをすること。家庭の生活から出離して専心に道の修行を行うこと」[5]である。家を捨て去るとは、主体を俗世に繋ぐ実父の名、俗世の〈父の名〉への従属を解除することである[6]。出家とは、そうして新たな〈父の名〉としての仏の名に従属（帰依）することであると考えられる（剃髪し僧の姿になることに、象徴的な去勢の意味を見ることができるかもしれない）。

道元は比叡山で学ぶなかで、根本的な疑問に逢着した。それは「顕密二教《けんみつにきょう》ともに談ず、本来本《ほんらいほん》法性《ほっしょう》　天然自性身《てんねんじしょうしん》、と。もしかくのごとくならば、三世《さんぜ》の諸仏《しょぶつ》なにによりてかさらに発心《ほっしん》して菩提を求むるや[7]（顕教も密教も、衆生は自然体のままでもともと仏性が備わっていると教えている。もしそうであるならば、過去・現在・未来の仏たちはどうしてわざわざ志を立てて悟りを求めたのであるか）」というものであった（『建撕記《けんぜいき》』）。これは換言すれば、人間には本来仏性が備わっているのに、なぜ修行しなければならないのかという疑問である。この疑問は道元にとって、〈父の名〉としての仏の名への従属がはたして正しいのかという根本的な疑問であったといえる。第四章5で述べたように、〈父の名〉とは象徴界と想像界と現実界をボロメオ結びで結び、言語活動の主体＝人間的主体を成立させるものであるが、道元はそのような〈父の名〉がまさに失われようとする、きわめて不安定な状態に陥ったと思われる。(8) 十八歳で道元は比叡山を降り、その疑問の解決を禅に求めた。道元は強靭な精神力で自己存在の根底の不安定性に耐え抜き、修行の道を邁進していったと思われる。

そもそも道元において坐禅とはどのようなものであったか、ここで大摑《おおづか》みに摑んでおきたい。『普勧坐禅儀《ふかんざぜんぎ》』(流布本)では次のように述べられる。

兀兀《ごつごつ》として坐定《ざじょう》して箇《こ》の不思量底《ふしりょうてい》を思量せよ。不思量底いかんが思量せん。非思量《ひしりょう》。これ即《すなわ》ち坐禅の要術《ようじゅつ》なり。(9)

(真面目にひたすら坐禅をし、心を集中して、この考えないということを考えなさい。考えないということをどのように考えたらよいのか。考えることそのものを否定することだ。これこそが坐禅のもっとも大事なところである。)

「思量」(思考)とは言語活動のことであり、坐禅は「不思量底」すなわち言語活動の終息した境位を目指して営まれる。『正法眼蔵』「坐禅儀」では、坐禅において「諸縁を放捨《ほうしゃ》し、万事《ばんじ》を休息《きゅうそく》すべし」(10) といわれる。「縁」すなわち自己と他者および物事との関係性は、言語によって構成されており、「諸縁の放捨」とは、結局のところ、言語活動を終息させることである。人間にとって一切の活動は言語によって規定されており、言語活動の終息は一切の活動の停止にほかならない。修行者は「兀兀として坐定して」、どのようにしたらその境位に到達できるか、思量し工夫しなければならない。しかしおよそ思量しているかぎり、その境位に到達することは不可能である。「不思量底の思量」とは、その不可能性の自覚を徹底させ、思量＝言語活動としての主体の否定、「非思量」に到ることであると考えられる。

先に述べたように、道元は如浄から直接聞いた「身心脱落」の語を胸に刻み、坐禅に励んだことであろう。如浄は「参禅は身心脱落なり。祇管に坐禅する時、五欲を離れ、五蓋《ごがい》を除くなり[11]（坐禅することは、身体と心が共に脱落することである。ひたすら坐禅するならば、眼・耳・鼻・舌・身における五つの感覚的快を求める気持ちから解放され、貪り、怒り、眠りこんだような無知蒙昧、躁鬱の状態、疑いという五つの煩悩が取り除かれる）」と教えた（『宝慶記』）。この教えにしたがって坐禅する道元には、おそらく坐禅は「非思量《ひしりょう》」すなわち言語活動の終息であるという考えが、その真意に徹しないまでも、漠然とあったことだろう。というのも、人間主体は言語活動において自己を実体化しており、自己実体化のゆえに煩悩に苦しめられるのであり、もし言語活動を終息させることができるならば、自己実体化もなくなり、煩悩からも解放されることになるからである。また、坐禅は正しい姿勢でおこなわなければならず、自己の身体像に対する意識を高めるだろう。そうして坐禅は自己の身体像への執着すなわち自己実体化に直面させるだろう。如浄の教えにしたがって坐禅する道元にとって、「身心脱落」の語が自己の身体像（「身」）を離脱して、言語活動（「心」）を終息させることを意味し、それはすなわち自己実体化の解消であり、煩悩の解消であるということが、しだいに明瞭になってきたのではないだろうか。『永平広録』上堂277に、「無明《むみょう》の業識《ごっしき》、あに生縁《しょうえん》ならんや[12]（迷いの心が、悟りに導く機縁とならないことがあろうか）」とある。また『永平広録』上堂325に「衲子《のうす》の身心脱落は、無明業識《むみょうごっしき》の拳《けん》頭《とう》なり[13]（禅僧の身心脱落は、まさに迷いの心が教えるところである）」とある。「無明業識」とは「迷いの心」[14]の意味で禅で用いられる語であるが、そもそも迷いは自己執着・自己実体化に対する根本的な無知（無明）に起因する。では、迷いの心が禅的な導き手となるとはどういうことか。ラカンによれば、主体は象徴界と想像界と現実界をボロメオ結びで結ぶ〈父の名〉への従属によって、これら三つの次元の統一を生きることができるというが、これを仏教の立場から一歩進めて考えてみると、次のようになる。〈父の名〉への従属以前、主体は自己執着によって、これら三つの次元を自己という場に集め密着させており――その時点ではまだ三つの次元の繋がりは不安定であり、外部の〈他者〉の支えが必要となる――、〈父の名〉への従属によって、三つの次元の繋がりは堅固なものとなると考えられる。先に述べたように、出家し世俗の〈父の名〉を失い、しかも仏教に対する根本的な疑問に逢着し、自己存在の根底の不安定さを感じていた道元は、まさにそれゆえに、その根底において三つの次元を密着させている、自己執着に直面できたのではないか。このような自己執着によって実体化された自己の心こそが、「無明業識」にほかならない。坐禅を通して、自己執着・自己実体化を真に自覚したとき、道元はそこからの自己解放として、現実界のまっただなかで、象徴界（「心」）と想像界（「身」）の離脱を見たのではないか。これが道元の身心脱落の体験であったと考えられる。つまり、道元は「無明業識」を機縁とし、それに導かれて身心脱落を果たしたと考えられる。

2．身心脱落に関する道元の言説

身心脱落について語る道元の言葉のいくつかを取り上げ、検討してみよう。
『正法眼蔵』「現成《げんじょう》公案《こうあん》」の次の言葉（特にその前半）はよく知られている。

仏道をならふといふは、自己をならふ也。自己をならふといふは、自己をわするるなり。自己をわするるといふは、万法に証せらるるなり。万法に証せらるるといふは、自己の身心および他己の身心をして脱落せしむるなり。悟迹《ごしゃく》の休歇《きゅうけつ》なるあり、休歇なる悟迹を長々出ならしむ。(15)

（仏道を学ぶことは、自己を学ぶことである。自己を学ぶことは、自己を忘れることである。自己を忘れることは、一切の存在によって証悟へと導かれることである。一切の存在によって証悟へと導かれることは、自己および他者を身心脱落させることである。こうして悟った後には心の安らかな状態が残されており、その安らかな悟った後の心の状態をずっと長い時間にわたって出現させるということである。）

自己を忘れるとは、坐禅において還滅の動性に自己を相応させることである。そうして主体は絶対の静を体験し、それを媒介することによって、自己を含めた一切の存在が一瞬一瞬、生滅を繰り返しつつ、繋がり合う絶対無の動性（存在の根源相）を会得することができる。まさにこの世界大の動性によって、自己と他者の身心脱落は惹き起こされる。「万法すすみて自己を修証するはさとりなり(16)（一切の存在の方から来るその動性のなかで自己を見出すことが、悟りである）」といわれる。世界大の絶対無の動性のなかに自己を見出すことによって、性起と還滅の一体的動性としての自己の自覚は徹底される。このような自覚を徹底した主体は、絶対の静をわがものにすることで真の心の安らぎを得る。世界大の絶対無の動性は遠大な時間にわたって、さまざまな主体において同様の心の安らぎを生み出していく。

世界大の絶対無の動性のなかで自己自身が今ここに存在することに気づくとき、主体の眼に映る一切の存在は神秘となる。まさにこの現前の神秘こそが、禅者の取り組むべき課題となる。「現成《げんじょう》公案（仏法は眼前にありありと顕現しており、この目に映る一切こそが、参究すべき公案であるということ）」の「現成」とは、まさに身心脱落して現実界のまっただなかで見られた現前の神秘、現実界の神秘のこと。道元はこの神秘を「公案」として受け取る。そしてこの神秘を仏祖の言葉に即して――道元はしばしば仏祖の言葉に独自の解釈を施すが――論理的に会得しようとする。これは、主体自身がこの神秘を仏教的世界観に統合し、仏教的世界観を生きる主体となることである。それは、〈父の名〉に代わって、主体自身が象徴界と想像界と現実界をボロメオ結びで結ぶ第四となることであると考えられる。

『永平広録』上堂501にこうある。

身心脱落功夫《くふう》の初め、露柱懐胎《ろちゅうかいたい》あに無を辨《べん》ぜんや[17]。
(身心脱落は参禅工夫のはじまりである。露柱が子どもを身ごもる。このような事態に対して、有無を論じる二元論的思考がなんの役に立つであろうか。)

「露柱」(法堂か僧堂の前庭または石階の下に立てられた柱と推測される[18])と聞いて、通常われわれが思い浮かべるものは、子どもを懐胎するはずがない。「露柱懐胎」という言い方は、「露柱」の語(シニフィアン)を聞いたら、こういう意味(シニフィエ)を思い浮かべるという主体間の約束事、言語活動の法を守っていない、つまり〈父の名〉に従属していない。このような表現は禅では他にも雲門文偃《うんもんぶんえん》の「東山水上行《とうざんすいじょうこう》(東山が水の上を行く)」(後述)などに見られるものである。右の引用では、身心脱落は「露柱懐胎」のようなものだといっている。つまり、身心脱落は〈父の名〉を解除し、さらに象徴界と想像界と現実界を自己という場に集め密着させる自己執着を解除し、言語活動の法の機能しない事態に到ることであるということをいっていると考えられる。「無を辦ずる」とは、「無」を「有」との対比において考えることである。これは対のシニフィアンを基本単位とする象徴界のなかでの二元論的思考である。「あに無を辦ぜんや」は、自己が〈父の名〉に従属せず、そのような思考から自由であることの言表である（なお、禅には『無門関』など、「無」を言語以前を指し示す語として重視する立場もあるが、道元は「無」をそのように見ていない）。

道元は「脱落身心」という語も用いる。ここで身心脱落と脱落身心の関係を考えてみたい。『永平広録』の上堂419の語を取り上げる。

> 払子《ほっす》をもって一円相〔を打〕して云く、身心脱落や、用うれども勤めず。払子をもって一円相を打して云く、脱落身心や、寂《じゃく》なれども滅せず[19]。
> （払子で一円相を描いて、道元はいった、「身心脱落というものは、それをどんなに起こしても、終わることなく存続する」。払子で一円相を描いて、道元はいった、「脱落身心というものは、寂滅の境位で起こり、消滅することなく存続する」。）

道元は払子の一円相を描く同じ動きで、身心脱落と脱落身心を表現した。一円相は、絶対無の動性としての性起と還滅の一体的動性をあらわす。身心脱落が自己還滅の動性であるならば、「身心」と「脱落」を逆転させた「脱落身心」は、逆の動性、すなわち自己性起の動性をあらわすだろう。「用うれども勤めず」は『老子』第六章に由来する語であり、「天地の生成作用が限りなく続くこと」を意味する。(20)「身心脱落や、用うれども勤めず」といって払子で一円相を描くとき、道元は特に還滅に着目して絶対無の動性を捉え、その動性が一瞬一瞬存続するさまを表現したと考えられる。「脱落身心や、寂《じゃく》なれども滅せず」といって払子で一円相を描くとき、「寂」は絶対の静のことであり、道元は特に絶対の静からの性起に着目して絶対無の動性を捉え、やはりその動性が一瞬一瞬存続するさまを表現したと考えられる。身心脱落とは、世俗的な〈父の名〉を捨て、象徴界と想像界と現実界のボロメオ結びを解除した主体が、現実界の視点から自己執着を徹底的に見据えることによって捉えた、象徴界（「心」）と想像界（「身」）の離脱の動性であるならば、「脱落身心」とは、やはりそのような主体が、自己自身によって象徴界と想像界と現実界をボロメオ結びで堅固に結び合わせ、言語活動の主体を成立させる動性であると考えられる。

同じ上堂のなかで道元は、「水月茫茫《すいげつぼうぼう》として舟桿《しゅうかん》閑《しず》かなり。雪雲冉冉《せつうんぜんぜん》として路岐《ろき》絶《た》ゆ(21)（月が映る海はどこまでも果てしなく、漕いでいく舟の棹《さお》の音は静かである。雪のように白い雲が次々とわき上がってきて、わかれ道はなくなる）」と語る。まず前句を見ると、静かな月夜の海は、身心脱落によって見られた絶対の静を意味し、舟の棹の動きは、身心脱落の動性を意味し、その舟がどこまでも果てしない海を行くことは、身心脱落の存続を意味すると考えられる。後句はこの反対である。主体自身が象徴界と想像界と現実界をボロメオ結びで結ぶ第四となることによって、言語活動の主体となる。その言語活動によって世界が分節化され、一切のものが意味を持って立ち上げられる動性を、次々と湧き上がってくる雪雲で表現している。そしてそれぞれの意味がそのあるべきところへと固定されていく動性を、わかれ道（別の意味になる可能性）がなくなってしまうことで表現していると考えられる。

道元は払子で一円相を描く同じ動きで、身心脱落と脱落身心、すなわち、象徴界と想像界と現実界のボロメオ結びの解体――これが身心脱落である――と、これらの三つの次元を主体自身がボロメオ結びの第四となることによって、結び直すこと――これが脱落身心である――が、パラドキシカルに一体となって存続するさまを示したと考えられる。第六章5で述べたように、ボロメオ結びの第四となるサントーム（自己を徹底的に見据えることであきらかとなってくる主体自身の特異性）に対する執着を免れるためには、そのようなサントームを性起と還滅の一体的動性として自覚しなければならない。性起と還滅の一体的動性としての身心脱落と脱落身心の一体的動性において、自己を見出すとき、主体は、ラカンの考える精神分析の最終目標をさらに越えた境位に立つことができるのではないかと思われる。

道元は坐禅を通してこの一体的動性を仏法と悟り、そこにおいて自己を仏として見出すことができたのではないか。道元は「修証一等《しゅしょういっとう》」(坐禅修行においてすでに仏は顕現しており、坐禅修行と悟りは同じものである)を主張する。坐禅をおこない、身心脱落(自己還滅)と脱落身心(自己性起)の一体的動性を自覚的に生きることを怠るならば、その主体に本来備わる仏性は顕現しない。このことを道元は洞察した。こうして比叡山で道元が逢着した疑問(本来仏性が備わっているのに、なぜ修行する必要があるのか)は解決されたといえよう。

ところで、禅は仏祖の名を尊び、独自の歴史を持っている。禅者にとって仏祖の名は、世俗の〈父の名〉に代わって〈父の名〉の機能を果たすものであるといえる。しかしその一方で、第五章1で述べたように、禅では「達磨唐土に来たらず」(玄沙師備《げんしゃしび》)といった禅の歴史を否定するような言説が可能であるし、「仏向上《ぶつこうじょう》」という言説もある。ここで〈父の名〉としての仏祖の名および禅の歴史と、身心脱落との関係について考えてみたい。『永平広録』小参11にこうある。

仏を越え祖を越え、身心脱落し、鼻孔《びくう》を穿却《せんきゃく》す。(22)
(仏を越え、歴代の祖師を越えて、身心脱落する。そうしてはじめて鼻孔が穿《うが》たれるのである。)

仏祖を越える〈仏向上〉とは、〈父の名〉としての仏祖の名への従属から自己を解放し、主体自身が象徴界と想像界と現実界をボロメオ結びで結ぶ第四となることである。〈父の名〉としての仏祖の名への従属から自己を解放するかぎり、主体はもはや禅の歴史には属さない。身心脱落とは、〈父の名〉としての仏祖の名への従属から自己を解放し、禅の歴史の外に出ることである。しかし身心脱落した主体は、ただちに脱落身心において自己を見出す。つまり、主体は脱落身心〈自己性起〉において、自身の名を仏祖の名にいわば上書きすることによって、自身が象徴界と想像界と現実界をボロメオ結びで結ぶ第四となり、禅の歴史のなかに自己を統合する。「鼻孔」は「本来の面目」を意味する〈第八章1参照〉。「鼻孔の穿却」とは、身心脱落〈自己性起〉と脱落身心〈自己還滅〉の一体的動性において自己を見出すこと――すなわち、本来的自己の自覚であり、悟りである――を意味する。このように自己を見出した主体は、〈父の名〉としての仏祖の名への従属から自己を解放し、禅の歴史の外に出ることも、〈父の名〉としての仏祖の名に自己の名を上書きして、禅の歴史のなかに入ることも、自由自在である、それゆえにこそ、禅の歴史のなかに真に主体的に自己を統合させることができると考えられる。

3. 前後際断

『正法眼蔵』〈十二巻本〉「発菩提心《ほつぼだいしん》」にこうある。

一日一夜をふるあひだに、六十四億九万九千九百八十の刹那《せつな》ありて、五蘊《ごうん》ともに滅す。しかあれども、凡夫かつて覚知せず。[23]

（一日一夜が経過する間に、六十四億九万九千九百八十の瞬間があって、五蘊［肉体を構成する五種類の要素］もまたその瞬間ごとに生成しては消滅していく。そうであるけれど、凡夫はそれを知覚することはない。）

ここで「一日一夜」（二十四時間）は、「一線分」として表象され、それに莫大な数の分割が施され、「刹那」（瞬間）が考えられている。インド仏教的思考ではよく莫大な数字が用いられる。これは、インド人が象徴界と現実界の境界において思索していたことを示唆するように思われる。通常、「無限」とは、勘定の次元である象徴界の「限界」として表象されるもののことである。そのような「限界」の向こう側（現実界）を、象徴界の立場（勘定の立場）で捉えようとして、莫大な数字が用いられるのではないか。[24] 右の引用で一線分の莫大な回数の分割によって捉えられた「刹那」は、現実界において体験される、真の意味での瞬間を意味すると考えられる。その瞬間とは、絶対無の動性、性起と還滅の一体的動性のことである。ここでは特にわれわれの物質的身体が着目され、それが性起と還滅を繰り返し、一瞬一瞬存続するさまがいわれていると考えられる。

今この瞬間、自己が存在するとは、仏の視点で見られるならば（自己存在の根源相において見られるならば）、絶対の静から性起し、絶対の静へと還滅するということである。自己が自己として存在し続けるとは、仏の視点で見られるならば、性起と還滅の一体的動性が一瞬一瞬存続することである。一方、凡夫は自己に執着し、自己を実体化して見ている。凡夫には、自己が一瞬一瞬、絶対の静へと還滅しているなどとは思いもよらない。そして凡夫は、やがて自分が死ぬことを頭ではわかっていても、漠然とさしあたっては大丈夫と高を括《くく》っている。そんな凡夫でも坐禅をすることで、しだいに身心脱落がどういうことかわかってきて、絶対の静に親密になっていく。それは、凡夫にとって、真に自己自身の死に対する覚悟を作っていく作業になるだろう。

また自己執着・自己実体化した凡夫は、実体化された自己との関係性において、他者や物や世界を捉え、それらもまた実体化してしまう。しかし日々、坐禅を通して身心脱落し絶対の静に親しみ、仏の視点を体得していくならば、他者や物や世界も自己と同様、絶対無の動性、性起と還滅の一体的動性として一瞬一瞬存続していること、さらには一切の存在が絶対の静を媒介して繋がり合い、ひとつの絶対無の動性となっていることが実感されてくるであろう。そのためにはまず自身が身心脱落し、絶対無の動性として自己を自覚することが肝要である。『正法眼蔵』「現成公案」のなかで道元は、そのような自覚のためのヒントとして、薪《たきぎ》を用いた説明をおこなっている（図7参照）。

たき木、はひとなる、さらにかへりてたき木となるべきにあらず。しかあるを、灰はのち、薪《たきぎ》はさきと見取すべからず。しるべし、薪は薪の法位《ほふゐ》に住して、さきありのちあり。前後ありといへども、前後《ぜんご》際断《さいだん》せり。灰は灰の法位にありて、のちありさきあり(25)。

（薪は灰になるが、その灰が再び薪になることはない。そのような灰と薪の関係において、灰を後、薪を先として考えてはならない。次のところをよく理解しなさい、薪は薪として存在する時点で見られるならば、先があり後があるということを。前後があるといっても、前と後は

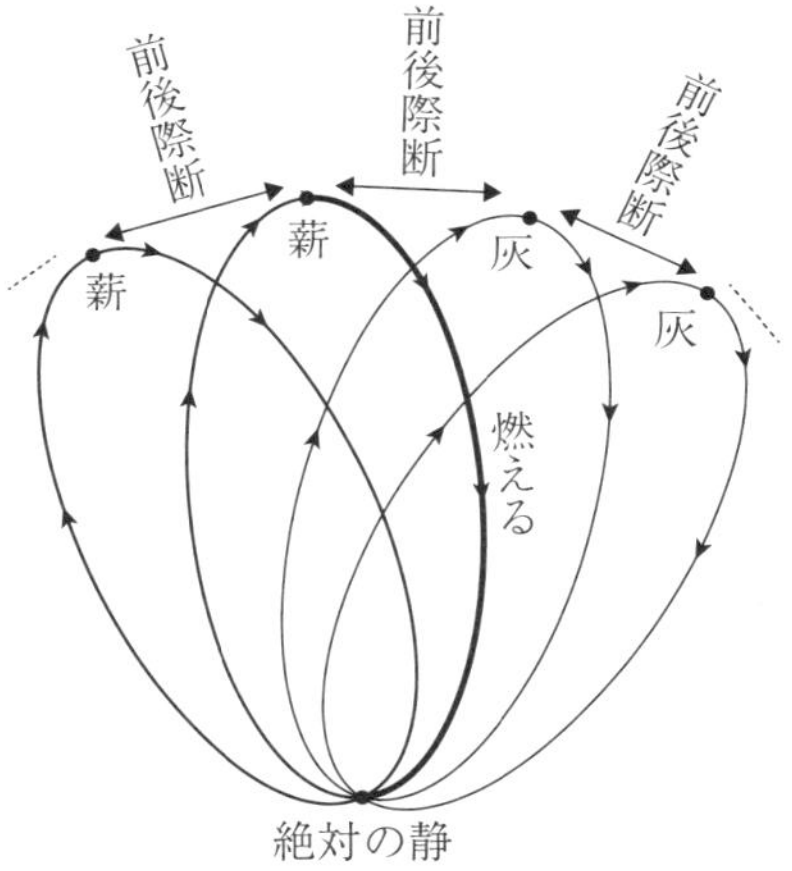

図7　前後際断

断絶しているのである。灰もまた同様である。）

死者が戻らないのと同様、薪は燃えて灰になったらもとには戻らない。存続は不可逆的である。これは否定できない事実である。薪が燃えて灰となるとき、前の薪が後の灰へと存続することになる。しかしこの存続は、仏の視点で見るならば、一瞬一瞬の絶対無の動性の存続である。ある瞬間と次の瞬間との前後関係はあるが、前と後が途切れることなく繋がるのではなく、いったん絶対の静を通って繋がるのである。薪の存続、灰の存続とわけて見ても、薪は薪で、灰は灰で、一瞬一瞬の絶対無の動性の存続として存続する。これが「前後際断」ということである。

坐禅を通して主体は、身心脱落を繰り返し、自己を絶対無の動性の存続として自覚していくことになる。麻浴宝徹《まよくほうてつ》（生没年不詳）はある禅問答において、黙って端的に団扇《うちわ》を使う姿で応答した（これは『正法眼蔵』「現成公案」の最後に取り上げられる）が、その姿はこのような自覚の営みとしての坐禅を表現していると思われる。つまり、団扇の往復は性起と還滅を表現しており、その往復をパタパタ繰り返すさまは、一瞬一瞬の性起と還滅の一体的動性の存続を表現していると思われる。その問答はこうである。[26]

麻浴《まよく》が団扇《うちわ》を使っていたところ、ある僧が来て問うた、「「風性《ふうしょう》常住《じょうじゅう》、無《む》処不周《しょふしゅう》（風は常に潜んでいて煽《あお》げば出てくる。どの場所であっても、風の潜んでいないところはない。ここでもあそこでも煽げば風は出てくる）」である。それなのにどうして和尚さまはわざわざ団扇を使っているのか」。麻浴曰く、「お前はたしかに風性常住ということはわかっているようだが、「ところとしていたらずということなき道理（風が行き渡らないところはないという道理）」をまだわかっていない」。僧曰く、「では、その無処不周ということの道理とは何ですか」。これに対して師は団扇を使うだけであった。僧は師の意を悟って礼拝した。

ここで「風性」は仏性《ぶっしょう》を意味する。「風性常住」とは、大乗仏教思想の基本的な考えである「一切衆生《いっさいしゅじょう》 悉有《しつう》仏性《ぶっしょう》」のこと。「団扇を使う」は、仏道修行、特に坐禅を意味する。僧の問いは、「一切の衆生はみんな仏性をもっている。和尚さまにも仏性はある。それなのにどうしてわざわざ坐禅修行する必要があるのですか」ということ。麻浴は僧が「風性常住」すなわち「一切衆生悉有仏性」の教えを知っていることを一応認めている。しかし「無処不周」がほんとうにわからないかぎり、それは頭だけの理解にすぎない。麻浴は僧の問題意識を「無処不周」に向ける。では、「無処不周」とはどういうことか。この語が二重否定であることに着目したい。「風が行き渡らないところ」とは、仏性を生きることができない凡夫のことである。しかし凡夫にも本来仏性は備わっている。凡夫であっても坐禅修行すれば、自己が凡夫であることを否定し、仏性を生きることができるようになる。「風が行き渡らないところはない」という二重否定は、このようなことをいっている。麻浴は「無処不周」とはどういうことかを問われ、ただ団扇をパタパタ動かす動作で答えた。団扇を左右に動かすとしたら、左（あるいは右）に向かう動きは、身心脱落の動性、すなわち、絶対無の動性の還滅に自己を相応させ、象徴界と想像界と現実界をボロメオ結びで結ぶ第四としての自己を還滅させ、ボロメオ結びを解除することであり、右（あるいは左）に向かう動きは、脱落身心の動性、すなわち、絶対無の動性の性起に自己を相応させ、自己によって象徴界と想像界と現実界をボロメオ結びで結び直すことであると考えられる。団扇をパタパタ繰り返す動作は、まさに坐禅修行のこと、すなわち、性起と還滅の一体的動性としての自己の一瞬一瞬の存続を自己の身心をもって実感し、味わう営みのことであると考えられる。

4. 有時

道元は根源的な存在体験に基づき、時間を根源的に捉えようとする。『正法眼蔵』「有時《うじ》」の巻は、存在と時間をめぐる深遠な哲学を語ったものとして名高い。「前後際断《ぜんごさいだん》」を語り、麻浴のパタパタ動かす団扇に着目したとき、道元は、主題的にではないが、すでに時間を問題化していたといえる（また「性起と還滅の一体的動性の一瞬一瞬の存続」というとき、われわれはすでに時間のことを考えていた）。「有時」の巻に到って、時間が主題的に取り上げられることになる。

まず通常の時間理解（凡夫による時間理解）を確認しておきたい。ひとは時間を漠然と理解して生活している。ひとは「時間がない」とか「時間に遅れる」とかいう。たしかにひとは時間が一方向的・不可逆的であることを知っている。ひとは老いて死ぬ。死者は戻らない。通常、われわれは自己執着・自己実体化に基づき、そのような自己がその内にあるものとして、時間を表象し理解している。通常の時間表象とは、「点」としての瞬間が途切れることなく「線」となって、継起することであり、その内で主体が自己の実体性を保持している、そのようなものであると考えられる。そして時間は、「一分」「一時間」といった「量」として、また「時刻」として、われわれに共有され、われわれの社会生活に秩序を与えるものである。われわれは時間に従属して社会生活を営む。時間への主体の従属は、象徴界――その現実態が社会である――への主体の自己統合と、本質的に連動している。

　道元はこのような時間理解を打破し、根源的な時間体験を語る。それはどのようなものか。道元はいう、

> 尽界《じんかい》にあらゆる尽有《じんう》は、つらなりながら時々なり。有時なるによりて吾有時《ごゆうじ》なり。[27]
> （全世界のありとあらゆる存在は、存続しながら刻々と時間を刻んでいる。それぞれの存在は、存在＝時間であるから、それぞれに自性《じしょう》［我］をもった存在＝時間である。）

「存在する」とは、その根源相において見られるならば、性起と還滅の一体的動性の一瞬一瞬

の存続である。その存続を一方向的・不可逆的なものとして、悲哀の情をもって体験することこそが、根源的時間の体験である。根源的時間（存在＝時間としての時間体験）において、自性、すなわち、「私」が「私」であること、「あなた」が「あなた」であること、「犬」が「犬」であること、「世界」が「世界」であることが保持される。この場合、「私」や「あなた」や「世界」は、実体としてではなく、絶対の静からの性起として保持されることに注意する必要がある。このような時間体験においてはじめて、自己存在の本来性が実感され、自己や他者の〈いのち〉が実感される。通常表象される時間は、存在≠時間としての時間であり、そこにおいて〈いのち〉が実感されることはない。また道元はいう。

有時に経歴《きょうりゃく》の功徳あり。(28)

（存在＝時間には経過という特性がある。）

たしかに燃えた灰になった薪は、もとの薪に戻らないし、死者は生き返らない。「無常」は厳然たる事実である。時間は一方向的・不可逆的に流れる。道元はこの時間の一方向性・不可逆性を踏まえた上で、時間を考える。道元の考える時間（「有時の経歴」）とは、性起と還滅の一体的動性としての瞬間の一方向的・不可逆的な継起であると考えられる（凡夫においては瞬間は単なる線上の点として表象される）。

根源的時間体験は、西田幾多郎のいう「永遠の今」の体験に相当するだろう。またその体験において見られる時間の経過は、「非連続の連続」として捉えられるだろう。西田はいう、

時は永遠の今の自己限定として到る所に消え、到る所に生まれるのである。故に時は各《おのおの》の瞬間において永遠の今に接するのである。時は一瞬一瞬に消え、一瞬一瞬に生まれるといってよい。非連続の連続として時というものが考えられるのである。(29)

ここで「永遠の今」とは、性起と還滅の一体的動性としての瞬間において主体が接触する絶対の静のことであると考えられる。西田は、絶対の静自身が、一切のものの還滅の終点として自己を限定し、また一切のものの性起の起点として自己を限定しつつ、顕現するさまを見ていると思われる。一瞬一瞬、絶対の静への還滅と絶対の静からの性起が繰り返される。時間は絶対の静によって媒介される。つまり時間は「非連続の連続」として経過するのである（道元の「前後際断」は、この「非連続の連続」と同じことをいっているだろう）。道元はいう。

いはゆる今日より明日へ経歴す、今日より昨日に経歴す、昨日より今日へ経歴す。今日より今

日に経歴す、明日より明日に経歴す。経歴はそれ時の功徳なるがゆゑに。[30]

（通常、現在から未来へと経過するといわれる。しかしそれだけではなく、現在から過去へ、過去から現在へといった経過もある。また現在から現在へ、未来から未来へといった経過もある。なぜなら、経過ということが時間の特性であるからである。）

これはどういうことか。過去の瞬間、現在の瞬間、未来の瞬間は、絶対の静によって媒介される。絶対の静は、自己が過去に通過した場でもあり、現在通過する場でもあり、未来に通過するだろう場でもある。それゆえ、現在の自己の性起は現在の瞬間において、自己が過去に通過した場へと還滅する（「今日より昨日に経歴す」）ともいえるし、過去の自己の性起は過去の瞬間において、現在自己が通過する場へと還滅した（「昨日より今日へ経歴す」）ともいえる。また、現在の自己の性起は、現在の瞬間、まさにそれが起こる場へと還滅する（「今日より今日に経歴す」）ともいえるし、未来の自己の性起は、未来の瞬間、まさにそれが起こるだろう場へと還滅するだろう（「明日より明日に経歴す」）ともいえる。時間は過去・現在・未来と一方向的・不可逆的に進行していくにもかかわらず、こうしたことがいえるのは、時間が「経歴」、すなわち、性起と還滅の一体的動性としての瞬間の、非連続に連続する継起であるからである。

ところで、存在と時間をめぐる道元の思索は、ハイデッガーの思索との類似性が従来指摘されてきた。[31]『存在と時間』でハイデッガーは、不安のまっただなかで自己自身の死を覚悟するあり方において時間を根源的に体験する現存在（人間存在）の立場から、存在とは何かを問おうとした。しかしその試みは未完に終わった。その大きな要因のひとつは、第三章6で述べたように、ハイデッガーの考える死の覚悟には、彼の思索が拠り所とする現存在の「最後の執」が残されており、彼が実体化する思考を完全には免れていなかったところにあったと思われる。それから三十数年後、晩年のハイデッガーは論文「時間と存在」において、存在と時間を共に与える一つの事態《ザッハフェアハルト》[32]を想定し、それを「それ（Es）」と呼び、存在および時間の根源的体験を「それは存在を与える（Es gibt Sein.）」および「それは時間を与える（Es gibt Zeit.）」という形で表記・表現した。そしてこの「それ」を「時間と存在とを、それらの自性《アイゲネス》の内へ、すなわち、それらの相互帰属の内へ定めているもの」として、「エルアイグニス」と呼んだ。[33]第二章3で述べたように、辻村公一はこの「エルアイグニス」に大乗仏教的な意味合いを認め、「性起」の訳語を与えている。

では、実際の坐禅において、存在＝時間としての時間、根源的時間を体験するためには、どのように工夫すればよいだろうか。

5．根源的時間を体験するための工夫

道元は自らの坐禅体験をさまざまな形で語っているが、ここで坐禅を通して根源的時間体験を会得する上で、特にヒントを与えてくれると思われるものをいくつか取り上げ、検討してみたい。

（1）舟で水上を行く

『正法眼蔵』「現成公案」にこうある。

人、舟にのりてゆくに、めをめぐらして岸をみれば、きしのうつるとあやまる。目をしたしく舟につくれば、ふねのすすむをしる。[34]

（人が舟に乗って行くとき、目を岸に向けて眺めてみると、岸の方が移動していると錯覚してしまう。目を舟に向けると、舟の方が進んでいるのがちゃんとわかる。）

進んでいる舟のなかで坐っている人が、ふと岸の方を見ると、岸が後退しているように錯覚することがある。どうしてこのようなことが起こるのか。それは、その人が舟に乗っていることを忘れ、地上で坐っているときの意識になっていたからである。これに似た日常的錯覚として、次のようなものがある。駅で停車した電車の座席に腰かけていて、自分が乗っている電車が発車し

たのに、隣に停車していた電車が勢いよく動き出したと感じるという錯覚である。これは、自分は今停車した電車に乗っているという意識になっていたために起こる。では、自分は進んでいない、停止した状態にある、進行しているのは外部であると思うことは、何を意味するか。先に述べたように、通常、時間は線的に表象され、その内で主体は自己の実体性を保持している。そのような主体は、あたかも箱のなかに物が存在するように、時間のなかに、時間とは独立して自己が存在していると思ってしまう。ともすれば、自分は時間の外部にいて、時間の流れを眺めている気分になってしまう。舟に乗っていて、岸のほうが移動しているように見えるとは、このことを意味すると考えられる。このことは、たとえば、われわれが知人の死に遭って、次は自分の番かもしれない、この世は無常だと頭ではわかっていても、心の底では煩悩に目を晦《くら》まされ、自分自身は死なないつもりでいるといったことにうかがえるだろう。これが凡夫というものである。

目を舟に向けるとは、まさに脚下照顧のことである。通常覆い隠されている脚下の現実界に開かれて、はじめて自己性起の根源としての絶対の静が見出される。坐禅において、舟に乗っている自分をイメージしてみるとよいだろう。まず岸が移動している錯覚をあえて想像してみる。その上で、移動しているのは実は自分が乗っている舟だと感じること。このような工夫によって脚下の現実界に開かれるならば、絶対の静からの性起と絶対の静への還滅の一体的動性としての瞬間の非連続の連続として、自己が存在していることが、しだいに体感され会得されてくるのではないか。こうして絶対の静に親しむことによって、自己執着・自己実体化をしだいに免れ、死に対する怖れが薄らいでくるのではないか。

ここで想起されるのは、白隠（第十一章参照）の若い頃の体験である。白隠は十九歳のとき、諸国行脚の修行の旅に出て、二十三歳のとき一旦、駿州《すんしゅう》原《はら》の郷里に帰ったが、その帰郷の旅の途上、次のような体験をした。五人連れの旅であった。白隠は歩いているのに、凝念として一ヵ所に立ち留まっているように感じていた。そして左右の人家や並木のほうが、彼の背後へと走り去っていくようであった。このときのことを語る白隠の文章の次の箇所が注目される。「或ひは船中に在つて左右を回顧するに、船は一所に在て、堤塘柳楊《ていとうりゅうよう》、蘆葦荷藕《ろいかぐう》、徐々として走り進んで、背後を指して流れ進んで背後を指して行くが如し[35]（あるいは、船に乗っていて左右を眺めるとき、船は一ヵ所に留まっていて、堤《つつみ》の柳や葦が私の背後のほうへ流れて進んで行くようであった）」。白隠は、坐禅に打ち込みすぎて、不動の意識に慣れ切ってしまっていたと思われる。旅の途上、身体は動いて進んでいても、この不動の意識が頑固に居座っていたために、まわりの風景だけが移動し後退しているように見えたのだろう。白隠の場合、不動の意識は坐禅において、絶対の静になりきることによって醸成された。風景が後退して見えた白隠の体験は、その点で見性への一歩手前である。というのは、自己をそこへと固定した絶対の静から、動に転じ、自己性起を自己性起として見るとき、見性は果たされるからである（白隠の見性体験については第十一章で取り上げる）。

（２）東山水上行

『正法眼蔵』「山水経」のなかの、雲門文偃《うんもんぶんえん》の語「東山水上行《とうざんすいじょうこう》」をめぐる論議は、道元の根源的時間体験を余すところなく語り尽くすもののひとつであると思われる。なお、「有時」巻の末尾に、仁治《にんじ》元年（一二四〇年）十月一日にこれを道元が書いたとあり、「山水経」巻の末尾に、同じ仁治元年十月十八日にこれを示衆《じしゅ》したとある。「有時」と「山水経」の両巻は、比較的近い問題意識をもって書かれたといえる。道元はいう。

しるべし、この「東山水上行」は仏祖の骨髄なり。諸水は「東山」の脚下に現成せり。このゆゑに、諸山くもにのり、天をあゆむ。(36)

（次のことを理解しなければならない、この「東山水上行」は、諸仏と祖師たちが仏道の神髄とした事柄をいっていると。もろもろの水［海や川といった地上の水だけではなく、雨となって降ってくる天空の水も含めて］は「東山」［坐禅する人］の脚下にありありと現れている。このゆえに、諸山［坐禅修行する人々］は雲に乗って天空を歩む。）

坐禅する人は山に似て、どっしり静かにその場に留まる。まさにそのあり方において、自己が水の流れに運ばれていくようにイメージする。このように「東山水上行」の語に参究することによって、おのずと「有時の経歴」（根源的時間）が体感され会得されてくるのではないか。「水」＝根源的時間をめぐる道元の思索をさらに検討していきたい。「諸水」とは「十方の水」[37]ともいわれるように、一応、地球のなかを循環する水、われわれが科学的・常識的に知っている水のこととして理解できるようにも見える。しかし道元は、われわれの常識的な水表象をはるかに超えたもののことを考えている。

水は強弱《こうにゃく》にあらず、湿乾《しっかん》にあらず、動静《どうじょう》にあらず、冷煖《れいなん》にあらず、有無《うむ》にあらず、迷悟にあらざるなり。こりては金剛《こんごう》よりもかたし、たれかこれをやぶらん。融《ゆう》じては乳水《にゅうすい》よりもやはらかなり、たれかこれをやぶらん。[38]

（水には、硬いも柔らかいもなく、湿っているとか乾いているとかもなく、動いているとか静かに留まっているとかもなく、冷たくもなく温かくもなく、有るでもなく無いでもなく、迷いも悟りもない。水は凝結すると、ダイアモンドよりも硬くなる。だれがこれを破壊できるだろうか。水が融解すると、乳よりも柔らかくなる。だれがこれを破壊できるだろうか）

道元は水＝根源的時間を、硬いとか柔らかいといった二元論的思考で捉えていない、すなわち、同一律と矛盾律の支配する象徴界において考えていない。道元の水＝根源的時間をめぐる思索は、脚下の現実界を見据えておこなわれている。自己存在を水＝根源的時間との一体性において自覚できなければ迷うことになるし、自覚できれば悟ることになる。しかし水＝根源的時間それ自体は、主体が迷ったり悟ったりする以前にある。凝結した水（氷）は、その場に静かに留まる。そのような水は、絶対無としての絶対の静を意味するだろう。もしその「硬さ」を考えるとすれば、それはダイアモンドよりも硬い、すなわち、象徴界において考えられる「硬さ」の限界を越えている（仏教的な智を意味する「金剛智」の語が連想される）。融解した水（液体としての水）は、流れる。その流れは、絶対無としての性起と還滅の一体的動性としての瞬間の、非連続の連続としての、一方向的・不可逆的継起を意味するだろう。その「柔らかさ」は、やはり象徴界において考えられる「柔らかさ」の限界を越えている（「乳水」と比較されていることから、母性的なものが連想され、仏教的な慈悲が連想される）。では、だれもそれを破壊することができないとは、どういうことか。ここでの「硬さ」とは、根源的時間において体験される、その動性の一方向性・不可逆性（無常）とその動性を統べる絶対の静の確実性・真理性のことであると考えられる。たしかにわれわれは世の無常を知っているが、通常は煩悩に目を晦まされ、その確実性・真理性を曖昧にしている。またわれわれは自己をはじめもろもろの存在を実体化しており、絶対の静を看過している。根源的時間体験においてこれらの確実性・真理性が体感され会得される

（しかもそこに仏の慈悲を見出す形で、それは会得されるのではないだろうか）。後者の「たれかこれをやぶらん」とは、こうしたことを意味していると考えられる。

「東山水上行」は、坐禅における根源的時間の体験――そこにおいて自己存在の本来性が実感される――を表現しているように思われる。坐禅しつつ、自身が「東山」となり、水上を行くイメージをするならば、脚下の現実界が開かれ、根源的時間がおのずと体感され会得されてくるだろう。このとき雲に乗って天空を行く気分を味わう。この点についてさらに考えてみよう。

（3）魚と鳥

坐禅において体験される自己は、水中を行く魚、天空を行く鳥に喩えられる。『正法眼蔵』「現成公案」にこうある。

うを水をゆくに、ゆけども水のきはなく、鳥そらをとぶに、とぶといへどもそらのきはなし。(39)

（魚は水中を行くとき、どこまで行っても水に限界はなく、鳥は空を飛んでいくとき、どこまで飛んで行っても空に限界はない。）

ここで魚が行き鳥が飛ぶ動きは、坐禅において体験される根源的時間を意味する。このとき魚や鳥がその内を移動する空間（「水」や「空」）は、もちろん通常の空間表象ではない。ここで考えられている無限の空間とは、言語的に限定されない空間、現実界の拡がりである（この点は後述する）。『正法眼蔵』「坐禅箴《しん》」では、右の語で語られている事態がより精密に思索し直され、体験され直され、より深い境地が語られているように思われる。

水清《す》んで徹地なり、魚行《ゆ》いて魚に似たり。空闊《くうかつ》透天なり、鳥飛んで鳥の如し。(40)

（水は透明で、水の底を透徹している。そのような水のなかを行く魚は、魚ではなく、魚に似たものである。空は広く、天を透脱している。そのような空を飛ぶ鳥は、鳥ではなく、鳥の如きものである。）

通常、水で充たされる空間は、その限界（水の底）を越えて拡がることはないし、空気で充たされる空間は、その限界（天）を越えて拡がることはないと見られる。これが通常の空間表象である。一方、道元はここで自らの限界内に限定されないという、矛盾律に反した空間を考えている。そのような空間を行く魚は、魚としての同一性＝実体性を失った「魚に似た」ものであり、そのような空間を飛ぶ鳥は、鳥としての同一性＝実体性を失った「鳥の如き」ものである。ここには尋常ではない、空間体験と自己同一性の体験が語られている。それらがどのようなものであるか、検討していきたい。

道元は、宏智正覚《わんししょうがく》（一〇九一―一一五七）の「坐禅箴《しん》」を踏まえて右のように語っている。宏智の「坐禅箴」の最後の二句はこうである、「水清《す》んで底に徹《とお》つて、魚の行くこと遅《おそし》々。空闊《ひろ》くして涯《かぎ》りなし、鳥の飛ぶこと杳々《ようよう》なり(41)（水はどこまでも澄み渡り底まで見える。そんな水の中を魚は泳いで行くが、その魚の速度はどんどん遅くなっていく。空はどこまでも広く果てがない。そんな空を鳥は飛んでいくが、その鳥の姿はどんどん遠く小さく微《かす》かになっていく）」。まずこの宏智の語を検討してみよう。ここでは無限の空間を行く魚と鳥のことが語られている。「魚の行くこと遅々」は、どんどん魚の速度が落ち、水の限界に辿りつけそうで未だ辿りつけない様子をいっている（これはちょうど、ゼノンの逆説の、あの亀に追いつけない俊足のアキレスのようではないか）。この魚は、坐禅において象徴界の限界の向こう側（現実界）へと限りなく接近していく自己を喩えていると考えられる。「鳥の飛ぶこと杳々」は、鳥が空の彼方に向かって飛んで行くのを眺めていて、鳥はどこまでも小さく微かになっていくが、完全に消え去ることがない、そんな光景のことであるといえる。この鳥は、坐禅において絶対の静へとしだいに還滅していく自己を喩えており、坐禅者はそのような自己を見ていると考えられる。

この宏智の語に関する道元の解釈では、まず空間の無限性が一層徹底される。宏智の語の中の「水」は、次のように解釈される。

辺際《へんざい》に涯岸《がいがん》なき、これを「徹底」の清水とす。「うを」もしこの水をゆくは「行」なきにあらず。行はいく万程《ばんしん》となくすすむといへども不測《ふしき》なり。不窮《ふぐう》なり。はかる岸《きし》なし、うかむ空《そら》なし、しずむそこなきがゆゑに、測度《しきたく》するたれなし。測度を論ぜんとすれば、「徹底」の「清水」のみなり。(42)

(果てもなく限りもないのが、「底に徹《とお》って」といわれる清らかな水なのである。魚がもしこの水の中を行くならば、その「行く」という動きはないわけではない。しかしどこからどこまで進んだかを計測することはできないし、どれだけ行ったとしても、終わりに達するということはない。そこへ辿りつこうと意図する岸もないし、浮かびあがる空もないし、沈んでいく底もない。それゆえ、魚がどこからどこに進んだか、計測するための基準点となる他者の視点は存在しない。計測しようとしても、ただどこまでも透き通った水があるばかりである。)

ここで「はかる岸《きし》なし、うかむ空《そら》なし、しずむそこなき」に着目したい。ここで「水」は、十方《じっぽう》、すなわち、「岸」(水平方向)の八方、「空」と「底」上下によって限定されない無限の拡がりとして捉えられている。十方は空間を秩序づける象徴界の秩序である。「水」の語でもって道元の考える空間は、そのような秩序によって秩序づけられえない空間、すなわち、現実界において体験される空間である(このような空間は、ここで立ち入って論じることはできないが、ラカンも関心をもった、現代数学の一分野である位相幾何学《トポロジー》で取り扱われるものに相当するだろう(43)。たしかにそれは「無限の空間」であるが、その「無限」は、通常、象徴界（勘定・計測の次元）において「勘定しきれない数」という形で表象される「無限」以上の拡がりである。ここで大事なことは、「魚行く」の「どこへ」は特定されないが、「行く」という動性それ自体は否定されえないということである。この「魚行く」は、根源的時間を意味すると考えられる。

宏智《わんし》の語の「空《そら》」も、「水」同様、通常われわれが表象する空間ではない。道元はいう。

隠顕に表裏なき、これを闊空といふ(44)。

（隠れているのが表なのか裏なのか、見えているのが表なのか裏なのか、いうことはできない。これがどこまでも広い空というものである。）

われわれは建物の内に入り、その壁面の裏側が顕《あら》わになっているのを見る。その表側は隠れていて見えない。建物の外に出て、その壁面の表側が顕わになっているのを見る。その裏側は隠れていて見えない。通常われわれは空間を、このように「内と外」、「裏（隠）と表（顕）」といった二元論で捉え、経験している。このように経験される空間は、象徴界――それは基本的にプラスとマイナスの二元論で構造化されている――において、表象されるものである。「空」の語でもって道元の考える空間は、このようなものではなく、現実界において体験される空間である（位相幾何学で取り上げられる、裏表のない平面であるメビウスの帯が想起される）。宏智の語では鳥が空の彼方に飛び去り「杳々」と（どこまでも小さく）なっていくさまが語られていたが、これに関して道元はいう。

空の飛去《ひこ》するとき、鳥も飛去するなり。鳥の飛去するに、空も飛去するなり。飛去を参究する道取にいはく、只在這裏《しざいしゃり》なり。これ兀々地《ごつごつち》の箴《しん》なり。いく万程《ばんしん》か只在這裏《しざいしゃり》をきほひいふ。[45]

（空が飛び去るとき、鳥も飛び去るのである。鳥が飛び去って、空も飛び去るのである。この飛び去るということに参究する上で手掛かりとなる言葉がある。それは馬祖《ばそ》のいった「ただこのところにある」である。これこそがひたすら黙々とおこなう坐禅の勘所である。いったいどこまで延々と「ただこのところにある」を言い続けることになるのか。）

ここで取り上げられている馬祖の話から考えてみたい。これは第九章6で言及したものであり、こんな話である。馬祖が飛び去っていく鴨を指差し、百丈に「あれは何だ」と訊いた。「鴨（野鴨子）です」と答えると、さらに馬祖が「どこへ行ったか」と訊き、百丈は「飛び去っていきました」と答えた。すると馬祖はいきなり百丈の鼻を摑んでひねり上げた。百丈が忍痛の声を出すと、馬祖は「なんだ、ここにいるじゃないか（只在這裏《しざいしゃり》）」といった。ここで馬祖は百丈の鼻を捻ることによって、百丈がその心のなかに「野鴨子」というシニフィアンと共に、それが喚起する鴨のイメージを実体化して保持していること、すなわち、言語に執われていることに気づかせ、そして痛みを通して自己性起へと彼を直面させたと考えられる。

道元はこの話を踏まえて、坐禅中の自己の身心（自己の身体像と言語活動）について考えていると思われる。ここで「空《そら》」は、身心脱落がまさにそこにおいて起こる世界、絶対無の動性としての世界を意味する。空が飛び去るとは、一切の存在が絶対の静へと還滅する、世界大の絶対無の動性としての世界全体の還滅を意味する。「空の飛去《ひこ》するとき、鳥も飛去するなり」とは、坐禅において世界大の絶対無の動性において自己を見出した主体（「鳥」）が、その動性の還滅の側面に自己を相応させ、身心脱落を体験するさまをいっていると考えられる。また「鳥の飛去するに、空も飛去するなり」とは、坐禅において主体が身心脱落を体験するとき、世界大の絶対無の動性としての世界全体の還滅が起こっているということをいっていると考えられる。

馬祖は鴨が飛び去って行く光景において、坐禅における自己還滅を見て、その光景を巧みに教化に用いたといえる。馬祖は百丈の鼻をひねり上げることによって、自己還滅を自己性起へと反転させた。そういう形で馬祖は百丈に、性起と還滅の一体性において自己を捉えることを教えたと考えられる。「只在這裏（ここにある）」とは、脚下の現実界において、自己が性起と還滅の一体的動性として存在する、ということを意味する。このことを了解するには、ひたすら坐禅して自己自身で了解するほかに道はない。この馬祖の話では特に問題化されていない「空」に道元は着目する。道元はそこに世界大の絶対無の動性を見る。「いく万程《ばんしん》か只在這裏《しざいしゃり》をきほひいふ」とは、坐禅して何度も何度も世界大の絶対無の動性において自己還滅（身心脱落）し、そしてまた何度も何度もその世界大の絶対無の動性において自己性起を繰り返しながら、性起と還滅の一体的動性としての瞬間の、非連続に連続する、一方向的・不可逆的継起（根源的時間）として、自己存在を見ること、すなわち、「有時」として自己存在を見ることを教える語であると考えられる。

　以上のように考えると、「水清《す》んで徹地なり、魚行《ゆ》いて魚に似たり。空闊《くうかつ》透天なり、鳥飛んで鳥の如し」の「魚に似たり」と「鳥の如し」ということもあきらかになってくるだろう。通常われわれは言語活動において、シニフィアンの喚起するイメージに執われ、魚は魚、鳥は鳥と固定化＝実体化して考える。しかし根源的に見られるならば、魚も鳥も、どんな存在も、一瞬一瞬、絶対の静へと還滅し、そのものとしての同一性＝実体性を失っている。つまり、還滅の観点で見られるならば、一切のものには「自性《じしょう》」がない。一方、性起の観点に立つならば、一切のものが自性をもって性起してくるさまが見える。「魚に似たり」の「似たり」や「鳥の如し」の「如し」は、性起と還滅の一体的動性としての瞬間の、非連続に連続する、一方向的・不可逆的継起（根源的時間〉を自覚的に生きる主体――それは自己存在の本来性を生きる主体である――に特有の自己同一性のあり方であると考えられる。

6．有時の現代的意義

先に述べたように、通常、時間はわれわれの自己執着・自己実体化に基づき、「線」として表象されている。われわれはその内で自己の実体性を保持している。そして時間は「一分」「一時間」といった「量」として、また「時刻」として、われわれに共有され、われわれの社会生活に秩序を与えるものである。このような時間への主体の従属は、象徴界――その現実態が社会である――への主体の自己統合と、本質的に連動している。このような時間は存在≠時間としての時間であり、そこにおいて〈いのち〉の実感されることはない。

　われわれは時間に縛られているように感じることがある。これは、主体の主体性を無視して、時間への従属が強要されていると感じるからであり、自己の存在がなおざりにされていると感じるからである。このとき存在≠時間としての時間が問題化されている。そもそも象徴界のなかに住み込むことは、そのような時間に従属し、現実界から乖離して自己存在の本来性を喪失すること、疎外の状態に置かれることである。特に現代においては、第三章7で述べたように、主体にとって去勢は、〈父の名〉による去勢を内発的・主体的に受け入れることによってというよりは、合理化・効率化を重視し複雑化する社会のほうから、非人間的・機械的になされる傾向が大きくなっていると思われる。こうした時代状況のなかで、時間もまた、ますます主体を非人間的・機械的に去勢するものとなり、主体にとってそのような時間による去勢に適応することが強要され、疎外はいっそう深刻なものとなっていると思われる。人々は、ストレスに苦しみ、イライラしがちで、気分が落ちこみやすく、やさしい気持ちを忘れ、怒りっぽくなってはいないだろうか。

ミヒャエル・エンデの『モモ』は、こうした時代状況を見事に描き出している。『モモ』には時間どろぼうが登場する。時間どろぼうに時間を盗まれた人は、「いらいらして、おこりっぽく、ゆううつそう」(46)に見える。ここで盗まれる時間とは、そこにおいて〈いのち〉の実感される――それは同時に絶対の静が実感されるということである――根源的時間、存在＝時間としての時間のことであるといえる。そのような時間を盗まれた人は、存在≠時間としての時間によって支配される社会に過剰適応し、ことさら合理的・効率的に生きるようになる。登場人物のひとりは、そうした生き方について、「これだって地獄にはちがいないけど、でもすくなくともいごこちはいい」(47)と語るが、これは注目すべき発言である。自己存在の本来性を失い、存在≠時間としての時間によって支配される社会に過剰適応することは、ある種の「心地よさ」をひとに与えることがあるのである。外部から来る力に抗うことに疲れた人は、その力に身を委ねることに心地よさを見出すのだろう。こうして人々はしだいに、存在≠時間としての時間に従属して機械的に生きることになり、根源的時間を失い、〈いのち〉の実感を失っていく、換言すれば、本来的自己の存在感覚を社会的繋がりのなかで実感することが、ますますむずかしくなっていく。このような現代であるからこそ、道元の有時の教えの意義は小さくないと思われる。

現代、心理療法家のもとを自《みず》ら訪《か》れる人々は——彼らはさまざまな症状や問題をかかえて来談するわけだが——、多かれ少なかれ、そこにおいて自己存在の本来性が実感される根源的時間を取り戻そうとする、無意識的な意図に動機づけられているのではないか。第一章1で述べたように、心理面接において傾聴され受容されることによって、クライエントの無意識は活性化し、現実界へと接近していく。そしてセラピストもまた現実界へと開かれつつ、そのようなクライエントに寄り添い彼を援助しようとするから。そのような両者の現実界への接近のなかで、現実界において脈動する根源的時間が、しだいに体感されてくるのではないか。面接の際、セラピスト自身が「東山」となり、水上を行く（天空を行く）空想をするのもいいかもしれない。そうすれば、クライエントはそのようなセラピストのあり方に感応し、根源的時間を体感し、一切の存在が繋がり合う世界大の絶対無の動性のなかで自己を見出し、本来的自己の存在感覚の醸成へと促されていくのではないだろうか。

心理療法のなかでクライエントが、抑圧あるいは解離されたトラウマ記憶に取り組むことがある。抑圧も解離も、人間主体の心に本来備わった自己防衛の能力であり、主体にとって耐えがたい状況において無意識的に起こるものである。抑圧や解離をそのままにして生きていくことは、誤魔化して生きていくこと、自己存在の本来性を生きないということである。抑圧や解離のおこなわれた時点にさかのぼり、その時点を意識化するとき、自己存在の本来性は取り戻されうる。ここで大事なことは、その時点との繋がりを根源的時間において捉えることであると思われる。トラウマ（特に人間関係のなかで起こったトラウマ）の記憶に取り組む作業は大変な作業となる。というのは、通常主体は自己を実体化しているため、トラウマ記憶の意識化は、自己が常にその記憶を自分自身で持ち、その記憶に苛まれて生きていかなくてはならないと思うからである。しかし主体が根源的時間を体験し、一切の存在が繋がり合う世界大の絶対無の動性のなかに自己が存在するという真理に触れるならば、その真理に照らして、加害者に対して真の主体性をもって倫理的判断ができるのではないか。また自己性起以前の絶対の静に触れつづけ、自己の「無」に親しむならば、トラウマ記憶をもはや誰のものでもないものとして、パッと手放す感覚を得ることができるのではないか。禅語に「放下《ほうげ》」というものがあり、道元は「はなてばてにみてり（手に握りしめたものをパッと手放せば、豊かな世界が拡がる）」といった。(48) こうして主体はトラウマ記憶から自由になり、自己存在の本来性を生きていくことができるのではないだろうか。

本来的自己の存在感覚は、一瞬一瞬の性起と還滅の一体的動性として自己を自覚したときに獲得される。このような自己は、象徴界と想像界と現実界をボロメオ結びで結んでは、その結びを解体することを繰り返す第四のものである。ボロメオ結びの解体（身心脱落）とは、一種の解離状態（離人的状態）となることであると考えられる。第五章4で述べたように、坐禅とは自覚的解離を習得するための作業であると思われるが、禅者は自覚的解離を用いて、性起と還滅の一体的動性としての身心脱落と脱落身心の一体的動性の一方向的・不可逆的存続、すなわち、根源的時間を体験することができる。また禅者は、その根源的時間のなかで、絶対の静を媒介して、一切の存在が繋がり合って存続しているさまを見、そこにおいて〈いのち〉の輝きとか、仏の慈悲といったものを実感しつつ、自己存在の本来性を見出す。現代のわれわれは、他者との繋がり合いにおいて自己存在の本来性を実感しにくい状況にあると思われるが、道元の教えは、本来的自己の存在感覚を取り戻し、それを醸成し、豊かな人生を築いていく道を拓いていく大きなヒントを与えてくれるものではないだろうか。

（1）伊藤秀憲・東隆眞訳注『道元禅師全集16』春秋社、二〇〇三年、二〇頁。
（2）水野弥穂子訳注『道元禅師全集5』春秋社、二〇〇九年、二〇〇頁。
（3）水野弥穂子訳注『道元禅師全集1』春秋社、二〇〇二年、五頁。
（4）『道元禅師全集16』、前掲、二三五頁。
（5）中村元『佛教語大辞典』東京書籍、一九八一年。

(6)『永平広録』小参2に「死生、衆にある、骨肉よりも勝れたるべし。既に骨肉に勝れば、応当《まさ》に如《にょ》法《ほう》に和合修練すべし(修行の場で仲間と生死を共にしてあることは、肉親と共にあることよりも尊い、だからこそ、みんな仲良く仏法にしたがい頑張って修行しなさい)」とある(鏡島元隆訳注『道元禅師全集12』春秋社、二〇〇〇年、七二頁)。この言葉には、親子の情愛に心を残しつつも懸命に修行に励む修行僧たちへの道元の温かい眼差しが窺われるだろう。

(7)『曹洞宗全書　第九史傳　下』曹洞宗全書刊行會、一九三八年、一六頁。

(8)宗教哲学者の氣多雅子は、ハイデッガーなどを参照しつつ、「出家」について論じている(『宗教経験の哲学　浄土教世界の解明』創文社、一九九二年、一二七頁以下)。氣多によれば、出家とは「住むことを出ること」であるが、住むことが人間存在の本質契機である以上、「住むことを出ることにおいて開示される宗教的場は、差し当たってはきわめて不安定で暫定的である」(前掲、一四四頁)という。

(9)伊藤秀憲・角田泰隆・石井修道訳注『道元禅師全集14』春秋社、二〇〇七年、一八頁。

(10)水野弥穂子訳注『道元禅師全集2』春秋社、二〇〇四年、五頁。

(11)『道元禅師全集16』、前掲、二〇頁。筆者の現代語訳に際して、中村元『佛教語大辞典』(前掲)参照。

(12)鏡島元隆訳注『道元禅師全集11』春秋社、一九九九年、一七頁。

(13)前掲、五四頁。

(14)中村元『佛教語大辞典』、前掲。

(15)『道元禅師全集1』、前掲、五一頁。

(16) 前掲、五〇頁。
(17) 『道元禅師全集12』、前掲、三八頁。
(18) 入矢義高監修・古賀英彦編『禅語辞典』思文閣出版、一九九一年。
(19) 『道元禅師全集11』、前掲、一四六頁。
(20) 蜂屋邦夫訳注『老子』岩波文庫、二〇〇八年、三五頁。
(21) 『道元禅師全集11』、前掲、一四六―一四七頁。
(22) 『道元禅師全集12』、前掲、八六頁。
(23) 石井修道訳注『道元禅師全集8』春秋社、二〇一一年、一四二頁。
(24) 数学者のゲオルク・カントール(一八四五―一九一八)は、無限にも大小があることを証明した。換言すれば、「無限を数える」というパラドックスが成り立つことを証明した。このような数学者の思考は、象徴界と現実界の境界においておこなわれているのだろう。遠山啓『無限と連続』岩波新書、一九五二年参照。
(25) 『道元禅師全集1』、前掲、五二頁。なお、本章における『正法眼蔵』の「現成公案」「有時」「山水経」の解釈は、主に西有穆山『正法眼蔵啓迪』(大法輪閣、一九六五年)を参照し、できるだけ曹洞宗の禅僧の体験から逸脱しないように心掛けた。
(26) 前掲、五七頁。
(27) 『道元禅師全集3』、前掲、五一頁。
(28) 前掲、五二頁。
(29) 西田幾多郎『場所・私と汝他六編　西田幾多郎哲学論集Ⅰ』岩波文庫、一九八七年、二六六頁。

（30）『道元禅師全集3』、前掲、五二頁。

（31）Steven Heine, *Existential and Ontological Dimensions of Time in Heidegger and Dogen.* State University of New York Press, 1985.

（32）Martin Heidegger, *Gesamtausgabe 14,* Vittorio Klostermann, 2007, S. 8. 辻村公一・ハルトムート ブフナー訳『思索の事柄へ』筑摩書房、一九七三年、八頁。

（33）op. S. 24. 前掲、三八頁。

（34）『道元禅師全集1』、前掲、五一頁。

（35）『白隠禅師法語全集7』禅文化研究所、一九九九年、一四六頁。

（36）『道元禅師全集3』、前掲、二三五頁。

（37）前掲、二三六頁

（38）前掲、二三五―二三六頁。

（39）『道元禅師全集1』、前掲、五五頁。

（40）『道元禅師全集2』、前掲、四〇頁。

（41）前掲、三六―三七頁。

（42）前掲、三六頁。

（43）拙論「ラカンと禅仏教（5）白隠布袋画に描かれたメビウスの帯」（『仁愛大学研究紀要人間学部篇18』、二〇一九年）および拙論「ラカンと禅仏教（6）白隠布袋画に見るトポロジーと性の問題」（『仁愛大学研究紀要人間学部篇19』、二〇二〇年）参照。

（44）『道元禅師全集2』、前掲、三七頁。

(45) 前掲、三七頁。
(46) ミヒャエル・エンデ、大島かおり訳『モモ』岩波書店、一九七六年、一〇六頁。
(47) 前掲、二七六頁。
(48) 『道元禅師全集1』、前掲、三頁。

第十一章　白隠——静けさの響きと慈悲の精神——

1．公案「隻手の音聲」の概要

公案「隻手《せきしゅ》の音聲《おんじょう》」（「両手を打ち合わせれば、パンと音が鳴る。さあ、それでは片手が鳴らす音を聞け」）は、白隠慧鶴《はくいんえかく》（一六八五―一七六八）が、六十三、四歳の頃独自に考案したものである。白隠はその教化活動において最初、「趙州無字《じょうしゅうむじ》」などの伝統的な公案を用いていた。しかし「無字」になれといわれても、一般庶民にはイメージしにくい。そこで考案されたのが、この「隻手の音聲」である。この公案を与えられた修行者は、聞こえるはずのない音声を聞こうとして、聴覚イメージを用いて取り組むことになる。「隻手の音聲」は、感覚的に対処しうる課題であり、この方が「無になる」といった観念的な課題よりも、一般庶民にとって馴染みやすいであろう。白隠は「隻手の音聲」を用いるようになって、在家の男女や尼僧に対して、格段の効果を上げるようになったという。宝暦元年（一七五一年）、各地の法会で参衆のために「隻手の音聲」

を彼は提起したが、播州明石では十九歳になる武士を初めとして、尼僧および在家の男女が七、八人、備前岡山では、武士七、八人、町人三、四人、備中井山《いやま》と総社《そうじゃ》では、十五歳の女子、十九歳のご婦人を初めとして男女十人余り、京都でも同じ人数の人が透過することがあったという[1]（『於仁安佐美《おにあざみ》』）。「隻手の音聲」は「十字街頭《じゅうじがいとう》の禅（世俗の人々の生活の場で説かれ、世俗の人々と共に生きられる禅）」としての白隠禅を象徴するものといってもよいだろう。

白隠は多くの禅画を描いたが、その布袋画のなかに、次のようなものが複数ある。慈顔の布袋が、彼のトレードマークである袋の上に立ち、右掌を差し向け、「隻手の音聲」を提起している。白隠は自画像、達磨をはじめとする祖師、福神など、さまざまな人物像を描いたが、「隻手の音聲」を提起している人物は布袋以外には見られない。図8「隻手布袋」[2]を見ると、布袋の腕は観音像のように長く、またぽっこりお腹も観音像のようである。図8には次のような自賛がある。

若ひ者共や、／何を云ふてもな、／隻手の音を／きかねば、皆たは／事の皮だぞよ／さる所の
八十二才のおやぢ

（若い者たちよ、何といっても、片手が打ち鳴らす音を聞かないことには、なにごともみんな、嘘っぱちだよ。あるところの八十二歳のおやじより。）

ユーモラスで、世俗の人々の心にすんなり届く言葉である。「隻手の音聲」を提起する布袋の姿は、十字街頭の禅を生き、大乗仏教の慈悲の精神を生きる白隠自身の姿を、生き生きと表現するものとなっている。禅は中国では士大夫《したいふ》、日本では武士階級に支持され、彼らの教養となり、高踏的な文化を形成したが、白隠という傑出した人物において、一般庶民に向けて大きな慈悲の精華を咲かせることになった。禅が大乗仏教として慈悲の精神を惜しみなく発揮するところに成立したのが、白隠禅であったといえる。

まず「隻手の音聲」の概要をみておこう。白隠は次のように語っている（『隻手音聲《せきしゅおんじょう》』のなかの文章の拙訳を左に述べる）。

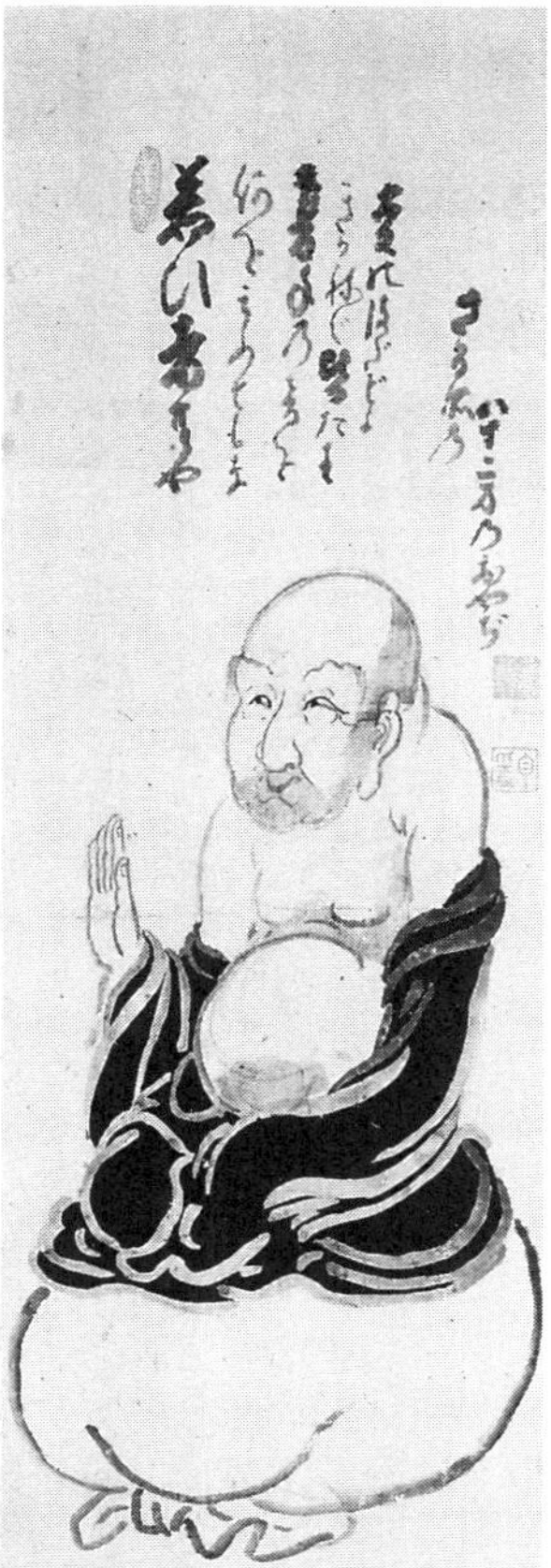

図８　白隠「隻手布袋」
（永青文庫蔵）

隻手の声を聞くためには、以下のように工夫すればよい。今ここで両手を打ち合わせれば、パンと音がするが、ただ片手を挙げただけでは、音もしないし、香りもしない。(中略)また、あの謡曲『山姥』には「一丁《いっとう》空しき谷の響《ひびき》は無生音《むしょうおん》をきく便り(と)成る(がらんと開けた渓谷のなかに響く渓流の音は、音声が生まれる瞬間の直前の無音の状態の音を聞くための手掛りとなる)」とあるが、それはこの重要事を言っているのだろうかと、考えてみたらよい。隻手の声とは、決して耳で聞くものではない。思慮分別を用いず、しかも一切の感覚知覚も離れて、ただただ日常の行住坐臥において、集中して取り組み、そこにおいて隻手の声を探求していくならば、論理的思考も言語活動も尽き果てたところに到って、そこにおいて突然、次のような見性《けんしょう》の大いなる安心感を体験することができる。すなわち、輪廻転生を惹き起こす業《ごう》が根本的に抜き去られ、洞窟のなかにいるような無明の状態が打ち破られる解放感、あたかも金の網に捕らえられた鳳凰がそこを抜け出るときのような、または、籠に入れられた鶴が、そこから逃れ出るときのような解放感を体験することができる。(3)

白隠によれば、「隻手の音声」は、誰に対しても格別《かくべつ》「疑團《ぎだん》」を起しやすいという。(4)「疑團」とは、公案によって修行者が「理《り》盡き詞究《ことばきわ》まる處《ところ》」(論理的思考も言語活動も尽き果てたところ)へと導かれ、そのところに自己自身がなりきったもの(疑いの塊)のことである。そうした「疑團」こそが言語活動そのものを離脱し、見性《けんしょう》（悟り）へと突破する契機になりうるのである。ラカンによれば、現実界は「論理の行き詰まりにおいて確定される」(5)。言語活動（論理的思考）の限界において、象徴界そのものとの関連性において現実界が想定されざるをえなくなってくる。ここで想起されるのは、以前にも言及したゼノンの逆説「アキレスと亀」である。アキレスがその先を行く亀のいた地点に到ったとき、亀はその先にいる。このように考えると、アキレスと亀との間の距離は無限に小さくなるが、それが「無」になることはなく、前者は後者に永遠に追いつくことはできない。ここでアキレスは言語活動の主体＝欲望の主体を象徴し、亀は現実界を象徴する(6)。通常、われわれの言語活動は現実界と乖離して象徴界において営まれる。ゼノンの逆説はそのような言語活動の限界へとわれわれを導こうとしていると思われる。これを経験に反するゆえに誤った言説として退けるのではなく、その不可思議を素直に感じるならば、われわれは現実界へと導かれるのではないか。白隠が「前後際断《ぜんごさいだん》（底《てい》）の工夫《くふう》」(7)というとき、それはまさに主体がこのアキレスとなって、「無限に縮小される間隔」において、自己を「疑團」として見出し、現実界に向かうことをいっているように思われる。公案「隻手の音聲」は、この「無限に縮小される間隔」を、無限に小さくなっていく音として、感覚的にイメージすることを教示するものであるといえる。

ここで右の引用にあった謡曲『山姥』の「無生音」について考えてみよう．深山幽谷の静寂のなか、渓流の音声は一瞬一瞬存続して聞こえてくる。音声が消え去る瞬間は、音声が生まれ出る同じ瞬間である。この瞬間こそが現実界への突破口となる。音声が生まれる一瞬一瞬にどこまでも集中力を傾け、音声が生まれる瞬間の直前の無音の音、「無生音」を聞くという工夫をすれば、このことによって現実界へと突き抜け、見性することができる。そもそも音声とは、言語の響きにしろ音楽にしろ物音にしろ、日常われわれが馴れ親しんでいるものである。「隻手の音聲」は知性よりも感性を用いた「行住坐臥《ぎょうじゅうざが》」の工夫ができるため、どんな主体であっても、比較的たやすく「疑團」に導き見性させる上で、効果的であったと考えられる。このような「隻手の音聲」は白隠独自の禅体験から生み出されたものであると思われる。次に白隠の大悟体験を見ていきたい。

2. 白隠の大悟体験

白隠は貞享《じょうきょう》二年、駿州原《すんしゅうはら》（静岡県沼津市）に生まれた。『白隠禅師年譜』によれば、発心のきっかけは、十一歳の頃、母に連れられて行った寺の法話で聞いた、灼熱地獄や紅蓮地獄の話だった。[8] このとき白隠は全身戦慄したという。彼はこれまで自分が虫などを殺してきたことを省み、地獄を恐怖し、死を恐怖した。彼は出家を強く願うようになった。十五歳のとき郷里の松陰《しょういん》寺で得度し、修行に励んだ。しかし十九歳のとき、巌頭《がんとう》（第九章5参照）が賊に首を斬られ、絶叫して死んだという話を聞いて、落胆した。巌頭ほどの傑出した禅僧でさえ死を恐怖したと、白隠には思われた。彼は「世の中に専《せん》なき者は出家なり(9)（この世の中で無意味なものとは、出家である）」（『壁生草《いつまでぐさ》』）と思い、一時期やる気を失ってしまった。

地獄の表象は、身体に加えられる極限の苦の表象によって、通常の言語的・観念的な身体表象の覆いを取り払い、身体それ自体、物自体としての身体をあらわにする。そうして地獄の表象は、主体を物自体としての身体の属する現実界と接触させる媒体として機能する。また罪悪感は自己存在それ自体を浮き彫りにし、主体を現実界に直面させる。宗教的センスに恵まれた十一歳の白隠は、このような地獄の表象の本質に対して敏感に反応したと考えられる。たしかに近代科学の世界観を生きるわれわれにとって、「地獄」は単なる空想でしかない。死は有機組織体としての身体の解体であり、それに伴ってそこに顕現していた心もまた消滅する。しかしわれわれが死を恐怖するとき、そこでは物自体としての身体があらわとなるという仕方で、現実界との直面が起こっており、自己存在それ自体が先鋭的に問題化されるという点では、地獄を恐怖し死を恐怖した白隠と本質的な違いはない。

死の問題――仏教的には「生死《しょうじ》」の問題――こそ、白隠の究極的関心事であり、その解決を彼は仏道に期待したといえる。そんな白隠は巌頭の話に衝撃を受けたが、なんとか持ち直し、やがて修行に猛烈に邁進するようになった。そして二十四歳のとき、越後高田の英岩寺《えいがんじ》において夜を徹した坐禅中、決定的な見性《けんしょう》を果たした。それはどのような体験であったか。白隠は見性直前、次のような状態を体験した（『遠羅天釜《おらてがま》巻之下』）。

萬里《ばんり》一條《いちじょう》ノ層氷裏《そうひょうり》ニ凍殺《とうさつ》セラルルガ如シ(10)。

（万里に拡がる氷の層のなかに閉じ込められて、凍死するようだった。）

このとき遠方でゴーンと鐘が鳴った。白隠は鐘声の性起において、絶対の静のなかで否定された自己の身心が、再び性起して来るのを見たのではないか。鐘声は遠くで小さく起こり、そしてさらに小さく消えて行った。鐘声の性起において自己の性起を見た白隠は、消えて行く鐘声においてさらに自己の絶対の静への還滅を見た。こうして白隠は性起と還滅の一体的動性（絶対無の動性）として自己を見ることができた、換言すれば、自己の性起を自己の性起として見ることができたと考えられる。この見性の瞬間を白隠は次のように語る。

氷盤《ひょうばん》ヲ擲砕《てきさい》スルガ如ク、玉楼《ぎょくろう》ヲ推倒《すいとう》スルニ似タリ。忽然《こつねん》トシテ蘇息《そそく》シ來タレバ、自身直《じき》に岩頭《がんとう》和尚(11)。

（氷の岩盤を粉砕するようであり、きらびやかな楼閣を押し倒すのに似ており、突然蘇生したかと思うと、自身はまさに巌頭和尚であった。)

白隠にとって見性とは、死の領域（「層氷裏《ぞうひょうり》」）からの解放であり、死の状態（絶対の静）からの蘇生（性起）であった。ここで例の巌頭が想起されていることに着目したい。死を恐怖して絶叫したと思われた巌頭に、白隠は宿命的に自己同一化を余儀なくされていたと思われる。しかしその同一化は、むしろ白隠にどこまでも自己存在の問題に取り組ませ、求道を徹底させたのではないか。そして賊の刀が振り下ろされる瞬間（自己の死が確実に決まった瞬間）に巌頭が見た、死の領域としての絶対の静を、白隠自身、「層氷裏《ぞうひょうり》」として遂に見たのではないか。白隠が遠寺の鐘声を聞いて、絶対無の動性として自己を見、自己の性起を自己の性起として見たとき、その性起は自己と浅からぬ因縁のある巌頭の性起であり、巌頭の再生であった。白隠は絶対の静のなかで巌頭との宿命的同一化を徹底し、自己の性起において自身が巌頭となって蘇るのを見た。こうして白隠は自らの究極的関心事であった死の問題の解決を果たした。これが白隠の見性体験であったと考えられる。

しかし白隠はこの決定的な体験によって、ひどく慢心してしまう。「三百年来、曽《かつ》て予が如く痛快に了徹する者無し(12)」（『年譜』）とか、「一切の人を見ること土塊《どかい》の如し(13)」（『壁生草《いつまでぐさ》』）などと思ったと、彼は告白している。その慢心は、信州飯山《いいやま》の正受老人《しょうじゅろうじん》（道鏡慧端、一六四二―一七二一）によって徹底的に粉砕されることになる。白隠は正受老人に、「鬼窟裏《きくつり》の死禅和《しぜんな》(14)（鬼の洞窟の中の死んだ禅坊主）」（『年譜』）とか、「穴蔵禅法《あなぐらぜんぽう》(15)（穴蔵のなかの禅坊主）」（『壁生草《いつまでぐさ》』）などと、繰り返し罵倒された。

『壁生草』ではこう語られる。白隠は正受老人に難解難透の伝統的公案「疎山寿塔《そざんじゅとう》、牛窓櫺《うしそうれい》、南泉遷化《なんせんせんげ》、南泉一株花《なんせんいっちゅうか》、青州布衫《せいしゅうふさん》、臨済《りんざい》の乾屎橛《かんしけつ》」を課され、日々これらと苦闘した。ある日の朝、飯山城下に托鉢に出たとき、彼は公案拈提《ねんてい》に身心没頭していて、ある家の門口に凝り固まって立っていた。するとその家の主が出てきて、草箒で彼の頭を叩き、彼は昏倒してしまった。旅人に介抱され、彼は我に返ったが、そのとき難解難透の公案が一挙にあきらかとなり、呵呵大笑した(16)。こうして白隠は彼が落ちた陥穽《かんせい》から、抜け出すことができた。

白隠の慢心は、絶対の静を透見した自己に酔い、そんな自己に執着し、自己を再び実体化してしまったことから来るものである。このとき絶対の静は、実体化された自己にとっての対象として、実体化されてしまう。これは「悪取空《あくしゅくう》」といわれる事態であり、修行者が落ちてしまいがちな陥穽として、古来仏教で注意が喚起されてきたものである。白隠にとって飯山城下での公案拈《ねん》提《てい》中の昏倒（意識消失）は、一切の存在が絶対の静を媒介して繋がり合う世界大の絶対無の動性（第十章2参照）によって、自己の身心が還滅させられ、彼において誤って認識された、自己の身心の実体性と絶対の静の実体性が共に滅せられ、そのことによって彼の慢心が消失させられたという体験だったのではないだろうか。

『壁生草』では、翌年に起こった同じような出来事が記されている。京都への行脚の途上、白隠は驟雨に見舞われた。脛《すね》まで泥に浸《つ》かって歩いていたとき、宋代の大慧宗杲《だいえそうこう》（一〇八九—一一六三）の偈《げ》「荷葉團々《かようだんだん》として鏡《かがみ》よりも圓《まど》かに、菱角尖々《りょうかくせんせん》として錐《すい》よりも利《り》なり（蓮の葉はまるまるとして、円鏡よりもまるく、菱《ひし》の実の角《かど》は鋭く鋭く尖って、錐《きり》よりも鋭い）」の真意に契当《けいとう》した。このときもしばらく昏倒してから蘇り、呵呵大笑し、ひとに狂僧に間違われた。白隠はこの体験に関して、「先年、飯山の城下に於いて斯《カカ》る事《コト》有りき」と述べている。(17)

驟雨のなか、視界はさえぎられ、白隠の思考はもっぱらこの偈《げ》の意味を考えることに注がれた。そんな白隠の脳裏には、もともと円い蓮の葉がますます円くなっていき、もともと鋭く尖った菱の実の角がますます鋭利になっていく映像が浮かんでいたことであろう。このような蓮の葉や菱の実のイメージは、性起が性起として、しだいに鮮やかに見えて来る事態を象徴する。「團々」とか「尖々」といった畳語は、まさに性起の動性を表現している。白隠は自己自身がこのような蓮の葉や菱の実になりきって、自己の身心の性起が自己の身心の性起として、しだいに鮮やかに見えてくる体験をした。彼の集中力はどこまでも高騰し、それと呼応して、自己の性起それ自体の鮮度、純度もどこまでも高騰していく。性起が性起として見えて来るとき、絶対の静が顕現する。

飯山城下での意識消失もこの意識消失も、精神医学的には、一種の解離現象とみることができるかもしれない。しかしここで大事なことは、意識消失という一種の解離体験を通して、世界大の絶対無の動性に巻き込まれ、顕現してきた絶対の静へと自己が還滅させられる体験をし、そうして自己は他の一切の存在と共に絶対の静からの性起として性起するという存在の根源相（仏教的真理）を会得できたということであると思われる。

白隠は三十二歳で郷里に帰り、松陰《しょういん》寺の住持となった。白隠の下にはその徳を慕って、各地から多くの修行者たちが参じた。

3.『法華経』の深理への目覚め

白隠は大乗仏教の慈悲の精神をもって、さまざまな身分階層の人々とかかわった。そのような彼の姿勢を決定づけたのは、『年譜』によれば、四十二歳のときの次のような体験だった。

一夜、読んで譬喩品《ひゆほん》に到って、乍《たちま》ち蛬《こおろぎ》の古砌《こせつ》に鳴いて、声々相連なるを聞いて、豁然《かつぜん》として法華の深理《しんり》に契当す。初心に起こす所の疑惑、釈然として消融し、従前多少の悟解了知、大いに錯《あや》まって会することを覚得す。経王の王たる所以、目前に璨乎《さんこ》たり．覚えず声を放って号泣す(18)。

（ある夜、『法華経』を読んでいて譬喩品まで来た、ちょうどそのとき、軒下の古い石畳でコオロギが鳴きだした。その声が連続して聞こえてくるのを聞いて、眼の前が大きく開けて、『法華経』の説く深い真理がはっきりわかった。まだ初心者であった頃から、『法華経』に対して疑念をいだいていたが、それがきれいさっぱり消え去り、これまで多少ともできていると思っていた仏教理解が大いなる誤りであったことを知った。『法華経』が経典のなかの王であることが、目前にあざやかになった。思わず大声で号泣してしまった。）

『法華経』方便品で釈迦は「われは智慧の力をもって　衆生の性《しょう》と欲《よく》とを知り／方便して諸《もろもろ》の法を説き　皆、歓喜することを得しむ[19]」という。一切の衆生を導き、菩提を得させようとする際、決して上から目線になることなく、それぞれの衆生の性質を理解してそれに応じ、煩悩にまみれて生きる彼らの生きざまを理解しつつそれに寄り添い、それぞれの衆生の心によく届く方便を用いて、彼らを楽しませつつ導く、これが『法華経』に説かれる、慈悲の精神に基づく衆生済度のあり方である。譬喩品の特にどの部分が白隠の心に響いたかは定かでないが、譬喩品には次のような語がある。「今、この三界《さんがい》は皆、これ、わが有なり／その中の衆生は悉《ことごと》くこれ吾が子なり[20]」。白隠はけなげに鳴くコオロギに、煩悩にまみれながらも精一杯生きる衆生の〈いのち〉を感じ、彼らのことが幼な子のように思え、いとおしいという強い感情が抗しがたく溢れ出たのではないだろうか。この感情こそ、まさに大乗仏教の教える慈悲そのものであると、白隠は会得したのではないだろうか。

『遠羅天釜《おらてがま》巻之下』によれば、白隠は十六歳のとき、『法華経』は経中の王であり、霊験あらたかで、地獄で苦しむ人もこの経を誦んでもらい救いを求めるということを聞き、そこには甚深《じんじん》の妙義《みょうぎ》があるにちがいないと大いに期待して、これを読んだが、因縁話や譬え話ばかりで落胆したという。[21]『法華経』の慈悲の精神が若い白隠にはまだよく摑めなかったようだ。そして『壁生草《いつまでぐさ》』によれば、二十五歳のとき白隠は、昔、春日の大神が笠置《かさぎ》の解脱《げだつ》上人に告げた、「大凡《おおよそ》倶盧孫佛《くるそんぶつ》より以來《このかた》の智者高僧、菩提心無きは、皆な盡《ことごと》く魔道に墮す」という言葉を見て、「怪《あや》しいかな、剃髪染衣《ていはつぜんえ》菩提心に非《あら》ずや、誦經諷咒《ずきょうふうじゅ》、菩提心に非ずや。況《いわ》んや彼《か》の上古以來の智者高僧をや。豈《あ》に菩提心無からんや。然《しか》りと雖《いえど》も、忝《かたじけ》なくも春日神君の御神託《ごしんたく》、豈に其れ容易《ようい》ならんや（奇妙なことだ、剃髪して墨染の衣を着ることは、悟りを求める心の表明ではないのか。経文を唱えるのは、悟りを求める心からではないのか。はるか昔からの智者や高僧であれば、どうして悟りを求める心がなかったなどということがあろうか。しかしそうはいっても、畏れ多くも春日明神のご神託であるから、おろそかにしてよいものであろうか）」と思い、以来このことが心に引っ掛かり、「予大いに常に此の事《じ》を疑うこと久し」[22]であったが、「漸《ようや》く四十二歳の時、不慮に此の大事に撞着《どうちゃく》して、豁然《かつねん》として掌上を見るが如し（遂に四十二歳のとき、思いがけなくこの大事なことに突き当たり、突然、掌《たなごころ》を見るようにはっきりわかった）」となった。この四十二歳のときの体験は、先に述べた、コオロギの声を聞いて『法華経』の真髄を悟る体験である。白隠は二十四歳のとき、坐禅中遠寺の鐘声を聞いて大悟したが、ここでもコオロギの声という音声が決定的な役割を果たしていることに注目したい。鐘声は、すでに述べたように、絶対の静からの自己性起を意味するものであり、夜の静寂のなかに聞こえてきたコオロギの声は、幼な子のように感じられる衆生の〈いのち〉の、やはり絶対の静からの性起を意味する。この四十二歳のときの体験は、二十四歳のときの大悟と結びつき、慈悲をもってもろもろの衆生を菩提へと差し向けつつ、自己自身も菩提を得ようとする自利利他の精神へと白隠を真に目覚めさせたと考えられる。

『法華経』に対する白隠独自の捉え方は、たとえば『遠羅天釜巻之下』所収の書簡「法華宗ノ老尼ニ贈リシ書」（延享《えんきょう》四年、白隠六十三歳）では、次のように語られる。釈迦一代の教えは五千四十八巻の経典となっているが、その至極の旨は『法華経』一部八巻に圧縮され、『法華経』六万四千三百六十余字の極意は、「妙法蓮華経」の五字に約《つづ》まり、その五字は「妙法」の二字に約まり、その二字は「心」の一字に帰すという。そして白隠は、端的に真理を表明する禅者の口調で、こう語る。

心ノ一字ハ、却テ何レノ處ニカ歸ストナラバ、兎《と》角《かくき》龜毛《もう》別山《べつざん》ヲ過グ。畢竟《ひっきょう》如何《いかん》。限リナキ春

ヲ傷《いたま》シムル心ヲ知《し》ラント欲セバ、盡《ことごと》ク針《はり》ヲ止《と》メテ語ラザル時ニアリ。(23)

（「心」の一字が帰するところはどこかと、あえて問うならば、「兎の角《つの》と亀の毛がそれぞれ別々の山を越えた」、これである。結局どういうことか。「春の情景を見て起こってくる、かぎりない悲愁の心とはどういうものかを知りたいならば、針仕事をしている婦女がふと手を止めて、黙って恋しい人を思うさまを思い浮かべさえすればよい」、これである。）

「兎角龜毛」（兎の角と亀の毛）は実在しないものであり、『大智度論《だいちどろん》』では「但名《ただな》のみあつて實《じつ》なし」(24)の語として挙げられる。「兎角龜毛」といわれるとき、シニフィアンそれ自体、「シニフィエのないシニフィアン」、ラカンのいうファルス（第三章4参照）が見られているだろう。もっともこの「兎角龜毛」の担う「無」は、ラカンがまさに直面しつつも、彼においては十分に思索し抜かれていない、絶対の静としての絶対無であると思われる。「心」はそのような「無」に還元されるのである。

ここで想起されるのは、菩提達磨によって中国にはじめて禅が伝えられたときの問答である（『景徳伝灯録』巻三）。中国禅宗二祖となる慧可は切実な思いで達磨に問うた、「私の心はまだ不安です。師よ、どうか、私を安心させてください」。達磨が「その心を持ってきて見せてみろ」というと、慧可は「持ってきて見せようとしてもできません」。すると達磨は「これでお前の心を安らかにし終えた」といった。[25] この問答で慧可は、自己の心と徹底的に向き合い、その心がまさに達磨の体現する絶対の静へと還滅するのを体験したと考えられる。達磨に支えられ、絶対の静に触れる体験をしたことによって、慧可の不安は根本的に解決された。心はこのように絶対の静へと還滅するが、同時にそこから性起し、同じ絶対の静から起こる世界性起に自己を相応させ、言語活動をおこない、世界を分節化し構成する。これが言語活動の根源相であり、通常、これは無意識的におこなわれている。「兎角」と「龜毛」を切り離して捉えるならば、それらは象徴界（言語活動）の基本単位である一対のシニフィアンそのものを意味する。「兎角龜毛別山ヲ過グ」とは、一対のシニフィアンが互いに反対のシニフィエを喚起する言語活動の基本構造そのものを意味する。白隠は「兎角龜毛別山ヲ過グ」の語でもって、心の根源である絶対の静と、そこから起こる心の活動としての言語活動の基本構造を指し示したと考えられる。

そして白隠は「畢竟如何」と自問し、心を別の角度から捉え直し、提示して見せる。「限リナキ春ヲ傷《いたま》シムル心ヲ知《し》ラント欲セバ、盡《ことごと》ク針《はり》ヲ止《と》メテ語ラザル時ニアリ」とは、朱絳《しゅこう》（生没年不詳）の七言絶句「春女怨」[26]の後句である。この詩は、黄鸝《おうり》の囀《さえず》りの聞こえる窓辺で刺繍をする婦女の、恋しい男性を思うもの思いを詠うものである。彼女は針仕事をしながら、恋しい人のことを考えている。彼の面影がリアルに心にあらわれ、恋しい気持ちが窮まって思わず手が止まる。このとき麗らかな春の静寂のなかで、黄鸝の囀りだけが聞こえてくる。外界の静寂のなかでの黄鸝の囀りの存続は、彼女の心のなかでの恋しい人の面影の存続と共鳴し合う。春の悲愁の無限の奥行きがこの場面には存すると、朱絳《しゅこう》は詠っている。白隠は『法華経』を読んでいたとき、コオロギの声を聞いて衆生に対するいとおしさが溢れ出たが、そんな自らの体験をこの場面に重ねていると思われる。この詩句に白隠は、絶対の静からの他者の性起に対して主体の側におのずと起こってくる、慈悲の感情を託していると考えられる。このような慈悲心こそが、『法華経』の真髄である。

白隠はここで、禅者として見出した慈悲心を、婦女の恋愛感情に託して美的に表現している。

図9　白隠「布袋攜童」(部分)
(永青文庫蔵)

宋代の中国禅における、文学的教養を重んじ、禅体験を美的・詩的に表現する傾向は、わが室町時代の五山禅林に受け継がれ、その流れは白隠にも及んでいるといえる。白隠の場合、その美的精神は禅画墨蹟の創作にも生かされ、衆生救済に差し向けられることになったといえる。「布袋攜童《たいどう》」(27)に描かれた布袋が幼な子に注ぐ眼差しは、慈愛に溢れている（図9）。この慈愛溢れる眼差しは、まさに白隠が民衆に注ぐものであろう。

4.「隻手の音聲」への取り組み方とその効果

「隻手の音聲」は、白隠二十四歳のときの大悟体験と、四十二歳のときの『法華経』の深理に目覚める体験が結びつくところから生まれたと思われる。これらの体験では共に音声が重要な役割を果たしている。二十四歳のときの大悟体験は、白隠にとって見性体験の範例となるものであった。「隻手の音聲」はまさにこの範例となる白隠自身の体験と同じ体験へと、人々を差し向けようとするものである。ただし、その際、若い頃の白隠自身の取った、「無字」になりきるといった方法ではなく、一般の人々が取り組みやすい、聴覚イメージを用いるという方法で、そこに導こうとしているのである。

公案「隻手の音聲」にどのように取り組めばいいのか、その具体的方法のひとつを白隠の描いた「普化振鈴《ふけしんれい》」(28)（図10）が示唆してくれているように思われる。普化は『臨済録』に登場する狂僧であり、鈴を振り鳴らし、「明頭来明頭打《めいとうらいめいとうだ》、暗頭来暗頭打《あんとうらいあんとうだ》」と唱えながら、市中を徘徊していた（第八章3参照）。臨済はその禅風を確立する上で、普化に強い影響を受けた。普化が自らの死を予言すると、臨済は普化に棺桶を与えた。普化はそれを担いで、街の北門の外へ行き、自ら棺桶に入った。その後、街の人々が棺桶の蓋を開けてみると、中はからっぽだった。そのとき空中に遠ざかる鈴の音が隠隠と聞こえたという。「普化振鈴」には、鈴を振り鳴らしつつ、風に吹かれる雲のように、空の彼方に消えて行く慈顔の普化の姿が描かれている。この画を観る者は、空の彼方に消えていく音に耳を澄ませることになる。彼はその音と同一化し、しだいに消えていくその音をどこまでも追いかけていく。たしかに音声との同一化において自己実体性は維持されるが、音声の消失において彼は自己実体性の否定を体験する。こうして彼は、その音の消えゆく先に絶対の静を直観し、そこに向かって還滅していく自己自身を実感することができる。白隠はいう（『さし藻草《もぐさ》』）。

隻手の聲を聞き得、音聲《おんじょう》を止め得、見性の眼《まなこ》を開き得玉《たま》わざらん限ぎりは、成佛は存じも寄らじ。(29)

（隻手の音声を聞き、その音声を止め、見性の眼を開くことができないあいだは、仏の悟りということはまったくわからない。）

「隻手の聲」は、かぎりなく消えていく音と同一化し、絶対無の動性としての還滅に自己を相応させることによって、はじめて「聞く」ことができる。このとき絶対の静の世界が開かれてきて、先に述べた「萬里《ばんり》一條《いちじょう》ノ層氷裏《そうひょうり》ニ凍殺《とうさつ》セラルルガ如シ」という状態になる。「音聲を止め」るとは、その状態に留まることである。それは、あの巌頭の見据えた、賊の刀が振り下ろされる瞬間（自己の死が確実に決まった瞬間）を、自分自身でしっかり見据えることである。巌頭の断末魔の叫びは、まさに絶対の静が顕現する瞬間に成りきった行為である。ここが肝心なところである。白隠はいう（『隻手音聲』）。

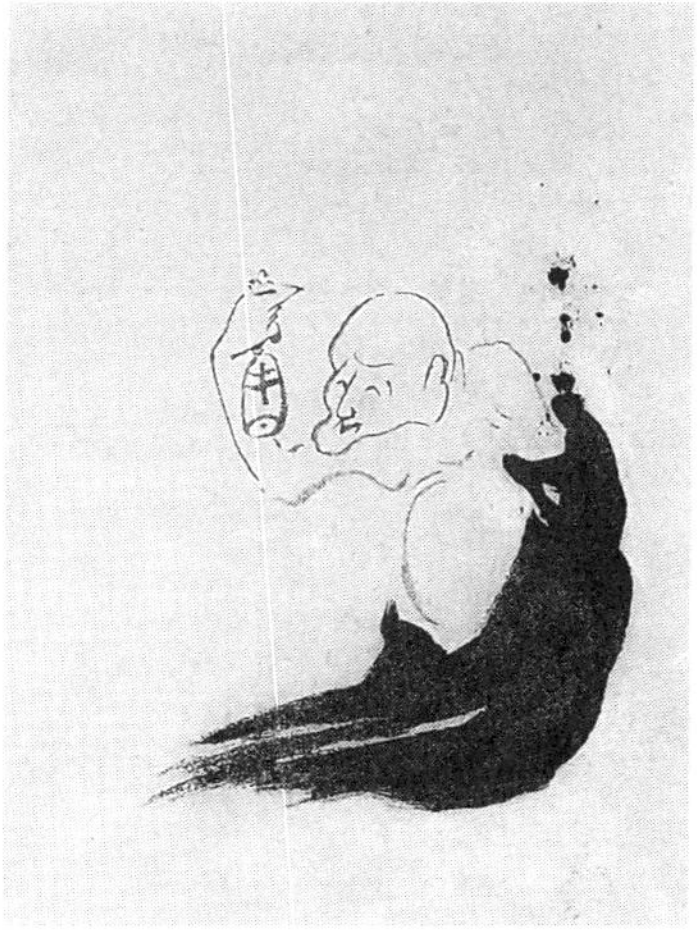

図10　白隠「普化振鈴」（部分）
（神勝寺蔵）

此時《このとき》、恐怖を生ぜず、間《あいだ》もなくはげみ進み侍れば、いつしか自性本有《じしょうほんう》の有様《ありさま》を立處《たちどころ》に見徹《けんてつ》し、眞如實相《しんにょじっそう》の慧日《えにち》は目《ま》のあたり（に）現前《げんぜん》して、三十年來未だ曾《かつ》て見ず、未だ曾《かつ》て聞かざる底《てい》の大歡喜《だいかんぎ》は求めざるに煥發せん。是を見性得悟《けんしょうとくご》の一刹那《いちせつな》とも名づけ[30]（後略）。

（このとき恐怖にかられることなく、一瞬間もそこを離れることなく、頑張って精神集中を続けていくならば、いつのまにか、もろもろの存在がそれぞれに自性をもって性起してくるさまを透見することになり、存在の根源相、仏教的真理があきらかに眼前にあらわれ、これまでの人生で見たことも聞いたこともないものを体験し、大いなる喜びが自然と湧きあがってくる。これを見性し悟りを開く瞬間とも名づけ……。）

絶対の静の世界がしだいに鮮明度を増し、一切の存在と共に自己もまもなく消え去ることを確信することは、恐怖を惹き起こす。しかし恐怖心に負けずに絶対の静を体験し尽くさなければならない。「間《あいだ》もなくはげみ進み侍れば」とは、しだいに顕現してくる絶対の静から一瞬も離れることなく、頑張ってそこに踏み留まり、精神集中を続けていくならばということである。これは、意図的・自覚的に一種の解離状態になろうとする試みであると考えられる。ここで大事なことは、その試みによっておのずと、世界大の絶対無の動性のなかで自己還滅が起こり、そして自己性起を自己性起として見る見性が達成されるということである。

見性体験は慈悲への目覚めと不可分のものへと徹底されなくてはならない。白隠禅画には観音を描いたものが数多くあるが、特に「瀧見観音」は「隻手の音聲」と関連しており、見性体験と慈悲への目覚めとの不可分の関係を示唆しているように思われる。「瀧見観音」[31]（図11）の自賛にはこうある。

神通力無辺なれど、唯だ是れ未徹在《みてつざい》のみ。
（観音さまの人々を救う神通力は果てしがなく、お前たちにも及んでいるが、お前たちにそれが感じられないのは、まだ見性が徹底されていないからだ）

この観音菩薩は「瀧」の音に耳を傾けているように見える。「瀧」の音は一瞬一瞬、絶対の静へと還滅し、絶対の静から性起する。その音は非連続の連続として聞こえる。この観音が聞いているのは、一瞬一瞬の「瀧」の音がそこから性起し、そこへと還滅していく絶対の静である。これはまさに、あの『山姥』の「一丁《いっとう》空しき谷の響《ひびき》は無生音《むしょうおん》をきく便り（と）成る」の「無生音」である。つまり、この観音の聞いているのは「隻手の音聲」にほかならない。意図的・自覚的に解離を用い、還滅の動性に自己を相応させ、絶対の静を見た主体がそこに留まるとき、おのずと世界大の絶対無の動性のなかで自己性起を自己性起として見ることになる。このとき自己を性起させた力において観音菩薩の神通力を感じ、世界大の絶対無の動性そのものにおいて仏の慈悲の心をありありと感じることができたならば、見性は徹底されたと考えられる。(32)このような見性の徹底によって、主体は一切の存在との親密な繋がり合いのなかで自己存在の本来性を見出し、慈悲の精神をもって世界へと関わる仏教者としてのあり方を確立する。「瀧見観音」はこうしたことを教えようとしていると考えられる。

図11　白隠「瀧見観音（部分）」（永徳寺蔵）『白隠禅画墨蹟【禅画編】』（二玄社）より転載

5．言語活動と「隻手の音聲」

通常われわれは言語活動において「私」と名乗り、「私」というシニフィアンの喚起するシニフィエとしての自己像に執着し、これを実体化している。そうして実体化された自己像との関連性において、シニフィエとしての他者や物や世界のそれぞれにイメージに執着し、これらを実体化している。人間の傲慢は自己の実体化に基づく。人間の傲慢はお互いを傷つけ合い、お互いの苦を作り出す。仏教はこうした状態を迷妄と見なし、一切の存在の実体性を否定し、苦からの解放を説く。禅も同様である。特に禅は人間の迷妄の原因として、言語活動に着目するように思われる。

われわれの聴覚はなによりも、言語の音声を受け取るためにある。公案「隻手の音聲」は音声を問題化しつつ、実は言語の響きを問題化しているのではないか。この公案には聴覚イメージを通して、一挙に言語活動を終息させる効果があるのではないか。この点が重要ではないか。「隻手の音聲」によって思考＝言語活動の限界に達し、「疑團」と成った主体は、次のような心境を幾度も味わうという（『隻手音聲』）。

男《なん》にあらず女《にょ》にあらず、賢《けん》にあらず愚《ぐ》にあらず、生ある事を見ず、死ある事を見ず、唯一向《ただいっこう》

（心上《しんしょう》）、空洞々地《くうとうとうじ》虚濶々地《きょかつかつじ》にして、晝夜《ちゅうや》の分かちを見ず、心身ともに消へ失する心地(33)は幾たびも有之事《これあること》に候。

（自己が男でも女でもなく、賢くも愚かでもなく、生きているのか死んでいるのかわからず、ただひとえに空っぽで広々とした空間にあって、昼と夜の区別もわからず、身も心も消失してしまうような心境を幾度も味わうことであろう。）

「男女」「賢愚」「生死」「昼夜」「心身」といった二元論は、象徴界の基本単位である対《つい》のシニフィアンである。「疑團」と成った主体は、二元論的＝言語的に自己を捉える思考を抜けきり、その抜けきったところに一切のものが還滅した後の「空洞々地《くうとうとうじ》虚濶々地《きょかつかつじ》」を見出す。これは絶対の静の体験にほかならない。絶対の静が鮮明に顕現してきて、そのまっただなかに自己を見出すとき、「心身ともに消へ失する心地」となる、すなわち、一切のものと共に自己の性起もまた否定され、自己自身の「死」が体験される。

先に述べたように、白隠禅画には慈顔の布袋が右掌を差し向け、「隻手の音聲」を提起しているものがいくつもある。この右掌の意味について考えてみよう。人間の手には右と左がある。「右」と「左」の対は象徴界の基本単位である対のシニフィアン一般を象徴するものとして捉えることができる。右手と左手を打ち合わせて音を出すことは、シニフィアンを用いた言語活動一般の象徴として捉えることができる。「隻手布袋」の差し出す手は、もはや左手と対の右手ではない。その手はファルス（シニフィアンそれ自体）、すなわち、第三章4で述べたように、それ自体は隠れつつ言語活動を可能にしているが、もしそれが白日の下にもたらされるとき、現実界が顕現してきて、言語活動そのものが成り立たなくなる、そのようなシニフィアンとして機能しているのではないだろうか。

ここで想起されるのは馬祖《ばそ》の次の話である。汾州《ふんしゅう》和尚は、馬祖の主張する「即心是仏」がまだどういうことかわからないので、馬祖に直接訊いた。馬祖は答えた、「わからないと思っているお前の心が、まさにそれだ。ほかのなににものでもない。わからないときは迷いであり、わかるときは悟りである。迷っていたら衆生の境涯にあり、悟ったら仏の境涯にある。衆生を離れてさらに仏があるわけではない。ちょうど開いた手を握れば拳となり、拳を開けば開いた手となるようなものである（「手の拳と作《な》り、拳の手と作るが如し」）」。これを聞いた途端、汾州は豁然《かつぜん》と大悟した(34)。「手の拳と作り、拳の手と作るが如し」というとき、馬祖は実際に自らの片手を差し出し、それを結んだり開いたりしたのではないか。「迷」の意味を喚起する手と「悟」の意味を喚起する手は、同一の手である。「迷」と「悟」は究極の二元論であり、根源的な対のシニフィアンである。しかし両者はシニフィアンそれ自体としては同一のものである。馬祖は結んだり開いたりする手で、シニフィアンそれ自体、すなわちファルスを提示したと考えられる。汾州の眼前に突き出された馬祖の手は、汾州にとって白日の下にもたらされたファルスであった。それが開き出す現実界に汾州は否応なく引きこまれ、そこにおいて自己性起を自己性起として真に見ることができたと考えられる。

次に先に取り上げた普化《ふけ》を描いた画「普化振鈴」（図10）について考えてみよう。その自賛には、普化が日頃唱えていた「明頭来明頭打、暗頭来暗頭打」が採用されている。この「明」（差別）と「暗」（平等）は、根源的なシニフィアンの対であり、象徴界全体とその外部の現実界を指し示すものである。普化は繰り返し、「明」に対しては自己が「暗」となって「明」を否定し、「暗」に対しては自己が「明」となって「暗」を否定し、そうして象徴界をその内部から粉砕するという仕方で、現実界と闘い（あるいは戯れ）、現実界を生きていたと考えられる（第八章3参照）。臨済禅あるいは禅の歴史は、このような普化のあり方をその核心部に取り込むことで、言語に執われずに絶対無を見る自らの立場を徹底させたと考えられる。

「明暗双双《めいあんそうそう》（「明」と「暗」の互いに否定し合う関係性の存続）」という禅語がある。『槐安國語《かいあんこくご》』において白隠は、大燈国師《だいとうこくし》の頌のなかの「明暗双双《めいあんそうそう》、対揚《たいよう》を絶す（「明暗双双」に対しては、言語を用いて応対することはまったく不可能である）」に対して、次のように下語《あぎょ》（寸評）している。「両鏡互いに相照らして中心影像無し(35)（ふたつの鏡を照らし合わせるとき、それらのなかには何の像も映らない）」。「対揚」は禅では、「対揚するや貶剝《へんはく》に遭う(36)（相手に向かって話しかけるやいなや、打倒される)」(『碧巌録』第十六則の頌)などと使われる。普化は「明頭来明頭打、暗頭来暗頭打」と歌いながら、まさに「明暗双双」を生きており、そんな彼に話しかけても、托《たっ》開《かい》(突き放し)を喰らうだけである。白隠はこうした「明暗双双」を合わせ鏡に喩え、そこにおいて顕現してくる絶対の静を、合わせ鏡の作り出す「無」の映像で表現していると考えられる。

普化遷化《せんげ》の際、人々が天空に聞いた普化の鈴の音、かぎりなく小さく消えて行くその音は、まさに普化の「明頭来明頭打、暗頭来暗頭打」によって否定される象徴界そのものを意味し、その否定において顕現してくる絶対の静を指し示していると考えられる。白隠の「普化振鈴」の普化は、公案「隻手の音聲」を提起する「隻手布袋」の布袋と同じく、慈顔で見性への道を教えている。この普化もこの布袋も、慈顔が印象的である。両者は十字街頭の禅を生きる白隠自身の慈悲の精神を体現しているであろう。この慈顔は、意図的・自覚的に解離状態となり、世界大の絶対無の動性に自己を相応させるとき、おのずと起こる慈悲の心をあらわしているのではないだろうか。

6.「隻手の音聲」の現代的意義

われわれは日々、他者と会話をしたり、一人で思考したりして、言語活動をおこなっている。それは主体自身の意志とある程度の集中力をもっておこなわれる。そのような言語活動に慣れきった主体は、なにも言語活動をおこなう必要のない時間も、言語活動の勢いをとめることができない。言語活動もまた、物体と同様、慣性の法則にしたがうようである。意識的集中がなくなっても、ほとんど自動的に、一貫性を欠いた粗雑な形で、それは続いていく。頭の内部で一人とりとめもなく喋っている状態である。次々と雑念がわいてくる。同じ雑念が執拗にくりかえされる。ときには怒りを喚起する想念が浮上する。意志と集中力を欠いた頭のなかは、もろもろのシニフィアンが好き勝手に鳴り響く騒然たる状態である。その状態を煩わしく思うこともあるだろうが、実はそこに浸っていることがむしろ心地よかったりする。だからやめられない。坐禅を試みるならば、言語活動を終息させることがいかに苦痛であるか、実感される人もいるだろう。このように頭の内部のシニフィアンの騒音が止まらない状態となり、自己はたえず実体化され続ける、これが現代人のありさまではないか。

われわれは複雑化する現代の社会生活のなかで、膨大な言語情報にさらされ、巻き込まれ、翻弄されている。そして第三章7で述べたように、われわれは複雑化する社会が要求してくるあれこれによって非人間的・機械的に去勢され、「任意の一」としての自己（非本来的自己）を生きることを余儀なくされている。自己疎外はいっそう深刻化している。われわれは「科学的根拠」の語に否応《いやおう》なく従属させられ、換言すれば、その語によって去勢され、科学的世界観をもって思考することを余儀なくされている。たしかに科学技術の発展は、昔と比べれば、われわれにとって苦労のない快適な生活を保証する。しかしその一方で、われわれは言語《ランガージュ》を機械的・機能的に用いることを余儀なくされ、自己存在の本来性がそこにおいて実感される言葉《パロール》を失ってしまう（第四章2参照）。そんな時代状況を生きているのではないか。

現代では、一切の存在が親密に繋がり合う世界大の絶対無の動性のなかで、自己と他者を「特定の一」として見出すことはますます難しくなっているのではないか。「特定の一」としての自己が見出されるとしたら、それは孤独感や空虚感や疎外感や離人感において、先鋭化された形で見出される。われわれには心から自然と湧き出る真のやさしさも体験しにくくなっているのではないか。ここで倒錯者（第三章5参照）のことが想起される。彼らは他者における身心一如の存在を認めず、もっぱら他者の身体を享楽の対象とし、他者に多大な心の傷を負わせる。倒錯とは、一切の存在が親密に繋がり合う世界大の絶対無の動性を見ることを、積極的・主体的に拒絶した構造ではないか（倒錯は仏教語の「闡提《せんだい》」［仏性を欠如した者］に相当するのではないか）。現代のあり方にはこのような倒錯を促進させるところがあるのではないか。われわれはある意味いっそう深刻な苦の状態にあるのではないか。このような現代だからこそ、言語活動を終息させ、世界大の絶対無の動性において慈悲を実感させる、わかりやすい方法である白隠の「隻手の音聲」には、大きな意義が認められるのではないだろうか。

ハイデッガーは言葉《シュプラッハ》の本質を「静けさの響き（das Geläut der Stille）」として捉えている。[37]

彼は「静けさの響き」の「静けさ」でもって、絶対無としての絶対の静に相当近いものを見据えていたように思われる。辻村公一はおそらくこのことを認めつつも、ハイデッガーの「静けさの響き」は「響きの静けさ」へと徹底され転回されるべきではないかと述べ、「「響きの静けさ」は雑踏混乱を極めた現代の言論はもとより、科学の学説をも、七条通を行く人々の話声をも、すべて深山の「静けさ」の内へ還元して、そこからそれらを「静けさの響き」の千差万別のヴァリエイションとして聴くことを、吾々に要求するであろう。敢えていえば、「静けさの響き」は大乗仏教の真性である「空即是色」「真空妙有（妙用）」とかに対応するところがあると思われる。しかしハイデッガーにおいては「（真）空」は真に体得されていない。それ故に、「静けさの響き」も十分にそれ自身になっていないのであり、「響きの静けさ」への徹底が更に必要となる」[38]という。どういうことか。辻村によれば、ハイデッガーは大乗仏教的な絶対無の性起の側面は捉えていたが、その還滅の側面はいまだ捉えられなかったという[39]。ハイデッガーが言葉を問題とするとき、もっぱらエルアイグニス――辻村はそこに大乗仏教的な意味を認めて、それに「性起」の訳語を与える――の動性との関連性において、言葉の本質を捉えている。ハイデッガーは、絶対の静（空）の体得――それは還滅の動性に自己を相応させることによって成し遂げられる――を欠いたまま、言葉の本質を捉えて、それを「静けさの響き」と呼んでいるのである。辻村のいうように、現代の言論は雑踏混乱を極めている。そのなかでわれわれは自己疎外を深めている。そんな現代だからこそ、還滅の動性に自己を相応させ、絶対の静を見究め、その上で言葉を体験し直し、自己存在の本来性を生きることが、いっそう求められているのではないか。辻村の「響きの静けさ」は、このような方向性を示唆していると思われる（「深山の「静けさ」」とは絶対の静のことである）。白隠の「隻手の音聲」はまさに聴覚イメージに訴えることで、この「響きの静けさ」へと比較的容易に主体を導くものとなるのではないだろうか。

現代的な心の病理といわれるもののひとつに、境界性パーソナリティ障害がある。その特徴として、何かのきっかけで一時的に耐えがたい情動不安定状態になったり（「大海にひとりで放り出されたよう」とか、「発作的にガス栓ひねりたくなったり、熱湯かぶりたくなったりする」などと、語られる）、怒りのコントロールが困難になったりするということがある。彼らの攻撃性はセラピストに向かい、セラピストを怒らせてしまうこともある。河合隼雄はこの病理（河合は「境界例」と呼んでいる）を現代の社会・文化のありさまと関連づけ、「現代人の思考が、あまりにも明確に物事を区別して考えるのに対する、「自然」の側からの反撥、あるいは挑戦として受けとめられないだろうか」[40]と述べている。「明確に物事を区別して考える」とは、二元論的に構造化された象徴界のなかで考えることであるといえる。現代、そのような思考が過剰に求められるようになり、それに対するアンチテーゼとして境界性パーソナリティ障害が出現したと考えられる。

たしかに彼らは、孤独感や空虚感や疎外感や離人感を通して、自己存在の本来性には比較的馴染んでいるように思う。しかしそれを他者との繫がりにおいて感じようとして感じられないことに、彼らの苦しみの核があるのではないか。白隠の「隻手の音聲」は、クライエントのこのような状態の解決のための、本質的な示唆を与えてくれると思われる。セラピストはクライエントの話を傾聴しつつ、その音声（シニフィアン）の奥の絶対の静に耳を傾けるのがよい。そうすれば、セラピストは一切の存在が親密に繫がり合う世界大の絶対無の動性のなかでクライエントと自己を見出すことになる。そもそも怒りとは煩悩であり、自己執着・自己実体化に由来する。セラピストがクライエントに対して怒りを覚えたとしても、絶対の静に触れ、絶対無の動性として自己を見出し、自己実体化を免れる方向性を堅持するならば、その怒りは沈静化される。そして世界大の絶対無の動性のなかを駆けめぐる仏の慈悲に触れるならば、セラピストはクライエントに対して自然とやさしい気持ちになれる。クライエントのほうでもそんなセラピストに感応して、絶対の静に触れ、不安定に揺れ動く気持ちが沈静化させられる。そうして世界大の絶対無の動性のなかで自己を見出し、仏の慈悲を実感し、他者との繫がりを実感し、やさしい気持ちになり、より落ち着いて自らの無意識と向き合い、より確実に円滑に、本来的自己の存在感覚を醸成する作業を遂行していくことができるのではないだろうか。(41)

(1) 芳澤勝弘訳注『白隠禅師法語全集2』禅文化研究所、一九九九年、二八八—二八九頁。
(2) 京都国立博物館・東京国立博物館・日本経済新聞社文化事業部編『禅 心をかたちに』日本経済新聞社、二〇一六年。
(3) 芳澤勝弘訳注『白隠禅師法語全集12』禅文化研究所、二〇〇一年、四五—四七頁。
(4) 前掲、四五頁。
(5) Jacque Lacan, *Le Séminaire 19: … ou pire* (Paris, Éditions du Seui, 2011), p. 41.
(6) Jacque Lacan, *Le Séminaire 20*, op., p. 13. Jacque Lacan, *Le Séminaire Livre 5*, op., p. 122. 前掲、『上』一七八—一七九頁。
(7)『白隠禅師法語全集12』、前掲、三六頁。
(8) 芳澤勝弘編『白隠禅師年譜』禅文化研究所、二〇一六年。
(9) 芳澤勝弘訳注『白隠禅師法語全集3』禅文化研究所、一九九九年、一五七頁。
(10) 芳澤勝弘訳注『白隠禅師法語全集9』禅文化研究所、二〇〇二年、四二七頁。
(11) 前掲。
(12)『白隠禅師年譜』、前掲、五一二頁。
(13)『白隠禅師法語全集3』、前掲、一七三頁。
(14)『白隠禅師年譜』、前掲、五一五頁。
(15)『白隠禅師法語全集3』、前掲、一八一頁。
(16) 前掲、一八二—一八三頁。
(17) 前掲、二一四—二一五頁。

(18) 『白隠禅師年譜』、前掲、五六七—五六八頁。
(19) 坂本幸男・岩本裕訳注『法華経　上』岩波文庫、一九六二年、一二〇頁。なお、ラカンは「精神分析が私に自由な時間を与えてくれていた時代」、東洋学者のポール・ドミエヴィルと共に漢訳『法華経』の解釈をおこなったと語っている（Jacque Lacan, *Le Séminaire 10: L'angoisse* (Paris, Éditions du Seui, 2004, p. 261. 小出浩之・鈴木國文・菅原誠一・古橋忠晃訳『不安　上・下』岩波書店、二〇一七年、『下』一〇九頁）。
(20) 『法華経　上』、前掲、一九八頁。
(21) 『白隠禅師法語全集9』、前掲、四二三—四二四頁。
(22) 『白隠禅師法語全集3』、前掲、一九四—一九五頁。『白隠禅師年譜』（前掲）では、これは二十七歳のときのことであり、問題の春日大神の神託は『沙石集』で読んだとある。
(23) 『白隠禅師法語全集9』、前掲、三四九頁。
(24) 山上曹源『国訳大蔵経論部1』第一書房、一九七四年、四四三頁。
(25) 『國譯一切經　和漢撰述部史伝部14』、前掲、七一頁。
(26) この詩は、相国寺の春渓が寛正年間に唐宋金元明の詩を編纂した書『錦囊風月《きんのうふうげつ》』に見える。堀川貴司「『錦囊風月』解題と翻刻」（『国立歴史民俗博物館研究報告』一九八、二〇一五年）、一五〇頁。
(27) 芳澤勝弘監修『白隠禅画墨蹟』二玄社、二〇〇九年。
(28) 前掲。
(29) 芳澤勝弘訳注『白隠禅師法語全集8』禅文化研究所、二〇〇〇年、一〇八頁。
(30) 『白隠禅師法語全集12』、前掲、三七—三八頁。

(31)『白隠禅画墨蹟』、前掲。

(32) ラカンは、彼が日本を訪問した際、京都の三十三間堂の観音像を見た経験を踏まえ、観音菩薩の呈する多様な姿に関して、次のように語っている。この多様性《ミュルシプリシテ》は、仏教以前のインドの神々の特徴が取り入れられたものであるが、それは、最終的な仏教的智に到る途上――それは同時に〈美〉の究極的実現の途上である――において女性的な形で出現する、「もっとも活き活き《ヴィヴァン》した、もっとも現実界的《レール》で、もっとも活気づけられた、もっとも人間的で、もっとも情念的《パセティック》なもの」であると(Jacque Lacan, *Le Séminaire 10*, op., 262. 前掲、『下』一一一頁)。

(33)『白隠禅師法語全集12』、前掲、三六―三七頁。

(34) 入谷義高編『馬祖の語録』禅文化研究所、一九八四年、一四二―一四六頁。

(35) 道前慈明訓注『槐安國語』禅文化研究所、二〇一六年、六三九頁。

(36)『碧巌録 上』、前掲、二二四頁。

(37) Martin Heidegger, *Gesamtausgabe 12*, op., S. 204. 前掲、二六二頁。

(38) 辻村公一『ハイデッガーの思索』、前掲、三一五頁。

(39) 第五章注8参照。

(40)『河合隼雄著作集13』岩波書店、一九九四年、一六八頁。

(41) ラウール・モンカヨとヤン・ユウは、精神分析における、被分析者の側の「自由連想」と、分析家の側の「自由に漂う注意《フリー・フローティング》」(通常は「平等に漂う注意《イヴンリィ・サスペンデッド》」)の両方において、禅仏教と軌を一にするものを見出している(Raul Moncayo and Yang Yu, Lacan and Chan Buddhist Thought. op., p. 10)。

おわりに

宗教哲学者の上田閑照は坐禅に関して、「本当に坐れば、やさしくなる」といったとのこと（「上田閑照先生　お別れの会」〔二〇一九年八月二五日、於京都大学百周年時計台記念館〕での森哲郎氏による追悼の辞）。ここで「やさしくなる」とは、心の奥底から自然とやさしい気持ちが湧きあがってくるということであろう。しかし「本当に坐る」とはどのように坐ることか。

本書は、そのひとつの答えを、禅に学びつつラカンの思索を一歩進めた境位に見出すことができたように思う。つまりこういうことである。夢や症状を生み出す無意識の奥には、ラカンのいう現実界、物自体の次元がある。現実界とは、通常われわれが言語を用いつつ、言語に執《とら》われることで、そこから乖離してしまう次元である。その現実界を禅の教えにしたがって、よくよく検討してみると、そこには大乗仏教が見据えていた絶対無が見出される。絶対無とは、一切の存在が親密に繋がり合う世界大の絶対無の動性であると共に、その動性を統べる絶対の静のことである。その動性のなかで自己を見出すという境位に、坐りつつ達すること、これが「本当に坐る」

ということにほかならない。そうすれば、その動性のなかを駆けめぐる仏の慈悲が実感されて来て、真の意味でやさしくなれるのである。

筆者の論は、ハイデッガーや京都学派の哲学によって導かれた。筆者は、京都大学文学部哲学科で辻村公一先生や上田閑照先生の謦咳に接することのできた世代に属する。その後、筆者は河合隼雄先生（ユング派分析家）、山中康裕先生の下で、心理療法を学んだ。神話的な世界に遊ぶようなユング派に筆者は親和性を感じて学んでいたが、やがて哲学的なラカンに心惹かれるようになった。また折にふれてハイデッガーや京都学派の哲学に親しんできた。

大学院生の頃、友人と河合先生のことを話していて、筆者は冗談っぽく、「（河合先生は）存在感で癒す」といったことがある。友人は納得した様子だった。筆者は臨床家としてクライエントに向かうとき、いつも河合先生の存在感を意識していた。河合先生を知る人なら、このような存在感がわかると思う。深い癒しをもたらしてくれるように感じられる先生の存在感にはまた、雪中に立ち教えを乞う慧可《えか》を峻拒したあの菩提達磨の厳しさもあったように思う。本書において特に、根源的時間に関する考察（第十章）や、「隻手の音聲」に関する考察（第十一章）をおこなった際、筆者の念頭には河合先生の存在感があった。

筆者にとって「河合隼雄」という名はとても大きかった。本書は、「河合隼雄」という〈父の名〉から解き放たれ、自由で独立した存在となるという筆者自身の内的作業の試みでもあったようにも思う。

本書は次の諸論文および学会発表がもとになっている。

「ラカンと禅仏教」『仁愛大学研究紀要人間学部篇14』、二〇一五年。

「ラカンと禅仏教2〜7」『仁愛大学研究紀要人間学部篇15〜21』、二〇一六年〜二〇二二年。

「狂気内包性思想としての臨済禅」『日本病跡学雑誌93』、二〇一七年。

「ラカンのジョイス論と道元の「身心脱落」」『宗教研究96』、二〇二二年。

「禅に学ぶマインドフルネス」日本心理臨床学会第39回大会発表、二〇二〇年。

「禅に学ぶマインドフルネス2〜4」日本心理臨床学会第40回大会〜第42回大会発表、二〇二一年〜二〇二三年。

筆者は禅堂修業の経験もなく、仏教文献の扱いには素人である。頭で考えすぎかもしれない。なにか誤りを犯しているのではないか惧《おそ》れている。識者のご批判をたまわれば幸いである。

本書の出版にあたっては、法藏館編集部の丸山貴久氏のご高配を賜り、編集では大山靖子氏、伊藤正明氏に大変お世話になった。この場を借りて深くお礼申し上げます。なお、本書は学校法人仁愛学園後援会の助成金の交付を受けて、刊行された。謹んでお礼申し上げます。

わ行——

な行――

は行――

ま行――

や行――

ら行――

人名索引

あ行――

か行――

さ行――

た行――

西村則昭（にしむら　のりあき）

1962年生まれ。1986年京都大学文学部哲学科卒業。1990年京都大学教育学部教育心理学科卒業。1995年京都大学大学院教育学研究科博士後期課程単位取得退学。現在、仁愛大学人間学部心理学科教授。臨床心理士。著書に『アニメと思春期のこころ』（単著）、『現代社会と臨床心理学』（共著）ほか。主要論文に「心理療法における言葉の体験」、「ある「境界性パーソナリティ障害」の事例に関するLacan的一考察」、「地獄の精神分析(1)〜(6)」、「三島由紀夫の見た「悲劇的なもの」」など。

禅に学ぶ精神分析
——無意識と絶対無——

二〇二四年一〇月三〇日　初版第一刷発行

著　者　西村則昭
発行者　西村明高
発行所　株式会社　法藏館
京都市下京区正面通烏丸東入
郵便番号　六〇〇-八一五三
電話　〇七五-三四三-〇〇三〇（編集）
〇七五-三四三-五六五六（営業）

装幀者　熊谷博人
印刷・製本　中村印刷株式会社

ISBN978-4-8318-8805-1 C3011